AF391227

# ENSEIGNEMENT

## DES

# SOURDS-MUETS

---

## BIBLIOGRAPHIE GÉNÉRALE

### DE TOUS LES OUVRAGES PARUS

### EN FRANCE OU EN LANGUE FRANÇAISE

PAR

## Ad. BÉLANGER

OFFICIER D'ACADÉMIE

PROFESSEUR A L'INSTITUTION NATIONALE DES SOURDS-MUETS DE PARIS

MEMBRE DE LA SOCIÉTÉ DES ÉTUDES HISTORIQUES

## PARIS

### IMPRIMERIE Eug. BÉLANGER

225, Rue Saint-Jacques, 225

---

1889

# BIBLIOGRAPHIE GÉNÉRALE

## DE TOUS LES OUVRAGES PARUS EN FRANCE

### OU

### EN LANGUE FRANÇAISE

## DU MÊME AUTEUR

———

Historique des méthodes à l'institution nationale de Paris. Discours prononcé à la séance de distribution des prix, 31 juillet 1883. In-8, 20 p. Paris G. Pelluard, 1883.

**En collaboration avec M. le Dr Peyron**. Catalogue de la Bibliothèque de l'Institution nationale des sourds-muets de Paris. Première partie. In-8, viii et 66 p. Paris G. Pelluard, 1883.

**En collaboration avec M. le Dr Ladreit de Lacharrière**. Compte rendu du 3e congrès national pour l'amélioration du sort des sourds-muets. 1885.

Étude bibliographique et iconographique sur l'abbé de l'Épée, ornée 1° d'une eau-forte de Dumont représentant un portrait inédit de l'abbé de l'Épée, tirée hors texte, avec une notice de A. Valade-Gabel. 2° de trois gravures (Reproduction de deux médailles et d'un médaillon de l'abbé de l'Épée. Augmentée : 1° d'une notice sur un manuscrit inédit de l'abbé de l'Épée par J. J. Valade-Gabel ; 2° d'une étude sur les débuts les progrès et le couronnement de l'œuvre de l'abbé de l'Épée par Théophile Denis. Grand in-8 jésus, 39 p. Paris. P. Ritti, 1886.

Revue Bibliographique internationale de l'éducation des sourds-muets, etc. 1885-1886.

Revue française de l'Éducation des sourds-muets, etc. 1885-1889, en cours de publication.

# ENSEIGNEMENT

## DES

# SOURDS-MUETS

---

## BIBLIOGRAPHIE GÉNÉRALE

### DE TOUS LES OUVRAGES PARUS

### EN FRANCE OU EN LANGUE FRANÇAISE

PAR

## Ad. BÉLANGER

OFFICIER D'ACADÉMIE

PROFESSEUR A L'INSTITUTION NATIONALE DES SOURDS-MUETS DE PARIS

MEMBRE DE LA SOCIÉTÉ DES ÉTUDES HISTORIQUES

PARIS

IMPRIMERIE EUG. BÉLANGER

225, Rue Saint-Jacques, 225

---

1889

# PRÉFACE

Nous avons eu l'honneur de publier, en 1883, en collaboration de M. le Dr Peyron, alors directeur de l'Institution Nationale de Paris, la partie française du catalogue de la Bibliothèque de cette institution. Depuis cette époque, nous préparions un travail plus complet que nous offrons aujourd'hui à nos confrères, espérant qu'il pourra leur être de quelque utilité.

Ils y retrouveront les noms de ceux qui, depuis un siècle, depuis la mort du vénérable abbé de l'Épée, ont été les apôtres, les disciples du maître vénéré, se vouant comme lui, à l'amélioration d'une infortune si digne de pitié. Un siècle ! que de chemin parcouru, que d'étapes franchies, amenant chacune un progrès nouveau, nous rapprochant de plus en plus de l'idéal entrevu, la régénération de nos malheureux élèves.

Nous savons bien que notre travail ne sera pas aussi complet que nous l'aurions désiré, nous espérons cependant que les lacunes y seront rares et qu'on voudra bien nous les signaler. Nous publierons tous les deux ans au plus des suppléments donnant les ouvrages nouveaux et ceux qui ont pu être oubliés.

Des guides précieux nous ont servi dans nos recherches en les facilitant; aussi ne voudrions-nous pas omettre de leur rendre la justice à laquelle ils ont droit.

Nous voulons parler des travaux de MM. C. Guyot et

R. T. Guyot : Liste littéraire, philocophe ou c
d'études de ce qui a été publié jusqu'à nos jours sur les
sourds-muets, etc. Groningue, 1842;

de M. le Dr Alings : Catalogus Bibliothecae Guyotianae
etc. Groningue, 1883;

enfin du catalogue de la Bibliothèque de l'Institution
Nationale de Paris que nous citions plus haut.

Pour rendre notre travail plus clair, nous avons adopté
un ordre alphabétique général: les noms d'auteurs se
trouvent en caractère gras (**de l'Épée**, les noms d'institutions en italique : (*Paris*); ceux des journaux, revues, etc.
en caractères différents : L'AMI DES SOURDS-MUETS.

Cet ordre alphabétique nous a permis d'intercaler
certains articles spéciaux qui ont peut être un intérêt
particulier : C'est ainsi qu'au mot **Congrès**, nos confrères
trouveront la liste des travaux publiés sur chacun d'eux.

Sous le titre de *Documents officiels, lois, ordonnances,
décrets sur l'enseignement des sourds-muets en France*,
ils trouveront réunis les diverses lois et décrets qui ont
régi ou régissent dans notre pays cet enseignement
spécial. Nous devons aux patientes recherches de notre
excellent ami, M. Th. Denis, une grande partie des renseignements qui nous étaient nécessaires pour cet article.
Nous sommes heureux de saisir cette occasion pour lui
offrir tous nos remerciements.

Avec celui de *Journaux spéciaux*, ce sera une liste de
toutes les publications spéciales qui ont vu le jour en
France, pour propager notre enseignement, le faire
connaître, l'améliorer.

L'article *Méthode* leur donnera une liste chronologique
des livres publiés au point de vue pratique, l'enseignement de l'articulation d'abord, celui de la langue
ensuite.

Ce sera enfin, *le procès Solar, les Sociétés de bienfaisance*, etc.

Nous pensons accomplir un acte de justice et payer
un tribut de reconnaissance à nos aînés en conservant
leur nom et le souvenir de leurs travaux. Depuis un

siècle, les successeurs de de l'Epée, continuant son œuvre, la propageant, ont couvert le monde d'institutions spéciales, qui bientôt distribueront, sans exception, le pain de l'intelligence à tous ceux qu'une infirmité cruelle éloignait autrefois à tout jamais de l'école.

Voilà les travaux de tous ces hommes bienfaisants qui ne furent pas seulement les soldats de la charité mais bien aussi des éducateurs. Ne leur marchandons pas notre respect et notre reconnaissance, ils méritent l'un et l'autre à tous égard.

**Ad. Bélanger**

# BIBLIOGRAPHIE GÉNÉRALE

de

*Tous les ouvrages parus en France ou en Langue Française*

SUR L'ENSEIGNEMENT DES

## SOURDS-MUETS

---

**Adam de Boisgontier.** (M^me). L'abbé de l'Épée étude biographique (*Musée des familles*, février 1859, p. 137 à 149, portrait de Fellmann).

**Alard** (Jean). Du rôle de l'articulation ou du langage parlé. Thèse pour l'agrégation. Petit in-4, 17 p. 1861.

**Alard** (Jean). Procédés employés pour surmonter les premières difficultés qu'offre l'éducation du sourd-muet. Discours. In-8, 16 p. Paris. Boucquin 1864.

**Alard** (Jean). Controverse entre l'abbé de l'Épée et, Samuel Heinicke au sujet de la véritable manière d'instruire les sourds-muets, traduite du latin, et état actuel de la question. In-8, 70 p. Paris. Pelluard. 1881.

**Aléa** (**J-M. d'**). Éloge de l'abbé de l'Épée, ou essai surt les avantages du système des signes méthodiques appliqué à l'instruction générale élémentaire, traduit de l'espagnol, par *M. P.* In-8, 7-124 p. Paris, Rosa 1824.

**Alhoy**. De l'éducation des sourds-muets de naissance considéré dans ses rapports avec l'idéologie et la grammaire. Sujet du discours prononcé à la rentrée de l'école nationale des sourds-muets, le 15 Brumaire an VIII. In-8, 31 p. Paris, imp. des associés.

**Alings** (**D^r. A. W.**). Catalogus bibliothecae Guyotianae instituti surdo-mutorum Groningani. Partie en langue française ; pages 1 et 2. 4 et 5, 43 à 70, 174 à 181 231 à 233 et 241 à 243. In-8, VIII et 211 p. Groningue Hoitsema. 1883.

**Alle**. Le sourd-muet grec en Allemagne. Traduit de l'allemand, par *M. Lortet*. In-8, 23 p. Lyon, F. Mistral 1882.

**Allibert** (**Eug.**). Résumé des travaux de la Société centrale des sourds-muets de Paris. In-8, 12 p. Paris. A. René et C^ie. 1841.

**Amelot**. Arrêt du Conseil d'État du Roi. Du 21 Novembre 1778 (*V. Documents officiels*).

Ami des sourds-muets (L') : Journal de leurs parents et de leurs instituteurs, utile à toutes les personnes qui s'occupent d'éducation, par *M. Piroux*. Tome I à V, 160 p. par année Paris. Hachette. Nancy, Institut des sourds-muets, 1838 à 1844.

**Amman** (**Dr J-C.**). Dissertation sur la parole, traduite du latin par Beauvais de Préau 1778 (*V. l'abbé Deschamps*).

**André et Raymond**. Cours de Langue française à l'usage des écoles de sourds-muets. 1^re année, Petit in-8, 180 p. Paris 1887.

**André** (**P.**). Discours ou devination sur la manière dont on peut apprendre à parler aux muets, Ext. Œuvres du feu *P. André*. In-8, III. p. 339-381. Paris, Ganeau 1767.

*Angers (Institution d').*

Note sur l'établissement Ext. *Journal encyclopédique,* 1783. I p. 332.

ANNALES DE L'ÉDUCATION DES SOURDS-MUETS ET DES
AVEUGLES. Revue des institutions qui leur sont consa-
crées en France et à l'étranger, publiées par *Edouard
Morel*. 1re et 2me, année, 256 p. chacune, 3e, 4e, 5e,
et 6e année, 320 p. chacune. 1844 à 1849. Paris, Institut des sourds-muets ; 7e année, 40 p. Bordeaux
et Paris Institut national des sourds-muets. 1850.

ANNALES DE L'INSTITUT DES SOURDS-MUETS DE ST-MÉDARD-
LÈS-SOISSONS, publiées par *M. l'abbé Paquet*. T. I.
128 p. Soissons 1848 ; T. II, 118 p. 1849 ; T. III, 121 p
Soissons 1849.

**Anot de Maizières**. L'abbé de l'Épée. *Journal pour tous*
avec portrait.

*Ancers. (Institution. d').*
Rapport sur la situation de la société de l'institut
des sourds-muets de 1835 à 1839. In-8, 42 p.

Art (L') d'instruire les sourds-muets mis à la portée
de tous les instituteurs primaires par un instituteur. In-12, 47 p. Paris L. Hachette et Cie. 1856.

ASSOCIATION AMICALE DES SOURDS-MUETS. Ancienne Société
Universelle fondée en 1838. Statuts adoptés en assemblée générale le 31 Juillet 1887 et remplaçant le
règlement de 1867. In-8, 13 p. Paris, Pelluard, 1887.

**Astros (Mgr. d')**. Catéchisme des sourds-muets qui ne
savent pas lire. Petit In-4, XXXI et 48 p. Paris
Bricon 1830.

**Astros (Mgr. d')**. Catéchisme des sourds-muets qui ne
savent pas lirent. Gr. in-4, XXXI et 115 p. 35 tableaux
Paris, Jeanthon. Toulouse, Jean-Mathieu Douladoure
1830.

**Aubert (F.)**. L'institution des sourds-muets de Paris,
celle de Bordeaux et celle de Chambéry. (*Moniteur
Universel. 26-27 Décembre 1865*)

**Barbier**. Lettre au rédacteur du *Moniteur* sur l'enseignement de la parole, 3 p. Paris. 1818.

**Barbier**. Petites lectures morales, instructives et amusantes. De la Société des publications à l'usage des sourds-muets. In-8, 264 p. Aix-les-Bains, Gérente, 1880.

**Bart (Victor)**. Documents historiques sur Versailles. Notice sur la statue de l'abbé de l'Épée (Page 11 à 16). In-8, 32 p. Versailles, Cerf et fils. 1885.

**Bayle - Mouillard**. Éloge de *J. M. baron de Gérando*, ouvrage couronné. In-8, 96 p. Paris, Renouard, 1846.

**Bazot**. Éloge historique de l'abbé de l'Épée. 2ᵉ édition augmentée d'une lettre de M. *Paulmier*. In-8, 90 p. Paris, Barba, 1819.

**Bazot**. Éloge historique de l'abbé de l'Épée. 3ᵉ édition augmentée, ornée du portrait de l'abbé de l'Épée et d'un fac-simile de son écriture. In-8, 72 p. Paris, Barba, 1821.

**Beaumasset (Ch. de)**. Le sourd-muet dans la famille, dans la société et à l'institution, avant et après son éducation. (Avec une notice historique sur l'institution des sourds-muets de St-Étienne) 2ᵉ éd. St-Étienne. In-8, 32 et 96 p. Lyon et Paris, Girard. 1869.

**Beaumont (Élie de)**. Mémoire et réponse à M. l'abbé de l'Épée pour le sieur Cazeaux, accusé d'avoir supprimé la personne et l'état du comte de Solar. In-4, 48 p. Paris, Knapen et fils. 1779.

**Beaumont (Élie de)**. Réponse à M. l'abbé de l'Épée (6 avril 1779) In-4, 72 p. Paris, Jorry, 1779.

**Beaussire (Em)**. L'instruction des sourds-muets et des aveugles. *Revue politique et littéraire*. 15 Juillet 1882. Paris, Germer Baillière, 1882.

**Beauvais de Préau**. (V. *Amman*. Dissertation sur la parole).

**Bébian (A)**. Essai sur les sourds-muets et sur le langage naturel ou introduction à une classification naturelle des idées avec leurs signes propres. In-8, 4, 8, 159 p. Paris, Dentu, 1817.

**Bébian (A).** Éloge de Charles Michel de l'Épée fondateur de l'institution des sourds-muets. Discours qui a obtenu le prix proposé par la Société royal académique des sciences, sous la présidence de Mgr le duc d'Angoulème. In-8, III et 56 p. Paris, J.-G. Dentu, 1819.

*Bébian (A).* Mimographie ou essai d'écriture mimique propre à régulariser le langage des sourds-muets. In-8, IV et 12 p., 3 planches. Paris, Louis Colas, 1825. (V. le *Constitutionnel,* 25 Novembre 1825, p. 3).

**Bébian (A).** Journal de l'instruction des sourds-muets et des aveugles (V. *Journal de l'Instruction etc*).

**Bébian (A).** Manuel d'enseignement pratique des sourds muets. Ouvrage adopté et publié par le Conseil d'administration de l'Institution royale des sourds-muets. Accompagné de planches. I. Modèles d'exercices. In-4, 6 et 201 p. 32 planches. II, Explications, In-8, 371 p. Paris Méquignon l'ainé 1827.

**Bébian (A).** De l'enseignement des sourds-muets *Journal de l'instruction publique,* 1828, p. 70 à 79 — Opérations intellectuelles du sourd-muet, même recueil, 1828, p. 212 à 253.

**Bébian (A).** Éducation des sourds-muets mise à la portée des instituteurs primaires et de tous les parents. Cours d'instruction élémentaire dans une suite d'exercices gradués expliqués par des figures. Deux livraisons. Paris, 1831. (V. 3e Circulaire de l'Institut royal des S. M. de Paris. p. 236.

**Bébian (A).** Examen critique de la nouvelle organisation de l'enseignement dans l'institution royale des sourds-muets de Paris. In-8, IV et 67 p. Paris, Trenttel et Wurtz Hachette, 1834.

Consulter également : Notice sur la vie et les ouvrages de **Aug. Bébian** par F. BERTHIER.

**Bélanger (Ad.) et D\u02b3 Peyron.** Catalogue de la Bibliothèque de l'institution nationale des sourds-muets

de Paris. Première partie, In-8, VIII et 66 p. Paris
G. Pelluard, 1883.

**Bélanger (Ad.).** Historique des méthodes à l'institution nationale de Paris. Discours prononcé à la
séance de distribution des prix. 31 Juillet 1883. In-8,
20 p. Paris, G. Pelluard, 1883.

**Bélanger (Ad.).** Revue Bibliographique internationale
de l'éducation des sourds-muets. (*V. Revue Bibliographique*).

**Bélanger (Ad.).** Revue Française de l'éducation des
sourds-muets. (*V. Revue Française, etc.*)

**Bélanger (Ad.) et D<sup>r</sup> Ladreit de Lacharrière.** Troisième
congrès national pour l'amélioration du sort des
sourds-muets. Congrès de Paris, 1885 (*V. Congrès*,

**Bélanger (Ad.).** Étude bibliographique et iconographique sur l'abbé de l'Épée, ornée : 1° D'une eau-forte de
*Dumont* représentant un portrait inédit de l'abbé de
l'Épée (tiré hors texte) avec une notice de *A. Valade-
Gabel*. 2° de trois Gravures (Reproduction de deux
médailles et d'un médaillon de l'abbé de l'Épée, augmentée : 1° d'une notice sur un manuscrit inédit de
l'abbé de l'Épée, par J. J. *Valade-Gabel*. 2° D'une
étude sur les débuts les progrès et le couronnement)
de l'œuvre de l'abbé de l'Épée par *Théophile Denis*.
Grand in-8 Jésus, 39 p, Paris, P. Ritti, 1886.

Tiré uniquement à 20 ex. sur papier du Japon et à 230 ex.
sur papier de Hollande.

**Bélanger (L'abbé Alf.).** Institution catholique des sourds-
muets pour la province de Québec. Rapport annuel
In-8, 38 p. Saint-Louis du Mile-end, imp. de l'institution des sourds-muets, 1882.

**B.*elprey*.** De l'Optilogue ou du cylindre parlant,
appliqué à la transmission des idées chez les sourds-
muets, avec planche. In-8, 67 p. Paris, Dabin, an X.

**Benjamin.** Histoire d'un sourd-muet écrite par lui-
même. 3<sup>e</sup> édition, In-8, 36 p. Paris, Borrani. 1 56.

**Benoit.** (V. *Charles Darwin*).

*Berchem-Ste-Agathe* (Institution de) Belgique.
Programme, in-8, 24 p. Bruxelles, Guyot 1885.
Consulter : *A. Sluys*, rapport, *E. Grégoire*. Institut
provincial du Brabant, *Dr Charbonnier*. Rapport
p. l'année 1886.

**Berjaud** (**Dr**). Deuxième lettre à un médecin sur les
sourds-muets qui entendent et parlent. In-8, 12 p.
Paris, Mevrel.

**Berjaud** (**Dr. J. B. M.**). Examen critique de cette
question : Dans l'état actuel des sciences médicales
peut-on rendre l'ouïe et la parole aux sourds-
muets de naissance ? in-4, 49 p. Paris, Didot, 1827.

**Bernard** (**frère**). *Congrégation de St-Gabriel*. Phono-
dactylologie ou nouveau système d'enseignement
ayant pour but de former les sourds-muets à l'u-
sage régulier de la langue et surtout de la parole.
Poitiers, Gué.

**Berthier** (**F.**). Adresse des sourds-muets au roi. In-8,
7 p. 1830.

**Berthier** (**F.**). Histoire et statistique de l'éducation des
sourds-muets. In-8, 28 p. Paris 1836.

**Berthier** (**F.**). Notice sur la vie et les ouvrages de
*Aug. Bébian*. In-8, 16 p., Paris. Ledoyen 1839.

**Berthier** (**F.**). Les sourds-muets avant et depuis l'abbé
de l'Épée. Mémoire qui a obtenu la médaille d'or
proposée par la Société des sciences morales, lettres
et arts de Seine et Oise. In-8 , VIII et 99 p. Paris
Ledoyen 1840.

**Berthier** (**F.**). L'abbé de l'Épée, sa vie, son apostolat
ses travaux, sa lutte et ses succès, avec l'historique
des monuments élevés à sa mémoire à Paris et à
Versailles, orné de son portrait, d'un fac-simile
de son écriture, du dessin de son tombeau dans
l'Église St-Roch à Paris et de celui de sa statue à
Versailles. In-8, 413 p. Paris, Michel Lévy, 1852.

**Berthier** (**F.**). Sur l'opinion de feu le Docteur Itard,
médecin en chef de l'institution nationale des sourds-

muets de Paris, relative aux facultés intellectuelles et
aux qualités morales des sourds-muets; réfutation
présentée aux Académies de médecine et des sciences morales et politiques. In-8. 108 p. Paris. Michel
Lévy Frès, 1852.

**Berthier (F.)** Observations sur la mimique considérée
dans ses rapports avec l'enseignement des sourds-
muets. A Monsieur le Président et à Messieurs les
membres de l'Académie impériale de médecine.
In-8, 16 p. Paris, 1853.

**Berthier (F.).** Le Code Napoléon, code civil de l'em-
pire français mis à la portée des sourds-muets, de
leurs familles et des parlants en rapport journa-
lier avec eux. In-12, 527 p. Paris, Librairie du
Petit-Journal. 1868.

**Berthier (F.).** L'abbé de l'Épée. In-12, 22 p. Paris,
Paul Ducrocq, 1870.

**Berthier (F.).** L'abbé Sicard, précis historique sur sa
vie, ses travaux et ses succès. Suivi de détails
biographiques sur ses élèves sourds-muets les plus
remarquables, Jean Massieu et Laurent Clerc et
d'un appendice contenant des lettres de l'abbé Sicard
au baron de Gérando. In-8, 259 p. Paris, Ch. bonniol,
1873,

Consulter également, REVUE FRANÇAISE de l'éducation des sourds-
muets. 2me année. p. 109 et 203.

*Besançon* (Institution de).

Discours prononcé par M. L'ABBÉ MARTIN, directeur
à la distribution des prix, le 23 avril. 1853, In-8, 8 p.

Rapport de la Commission de surveillance de
l'institution des sourds-muets de Besançon à
M. le préfet du département du Doubs.

Distribution des prix années 1859 et 1860, In-8.

**Bigot de Préameneu.** Funérailles de *l'abbé Sicard*,
le 11 Mai 1822. Discours, Petit In-4. Paris, Firmin
Didot.

BIENFAITEUR (LE) des sourds-muets et des aveugles.
Revue mensuelle du progrès des institutions et de

l'unité d'enseignement dans les deux mondes. Par
l'abbé Daras. Tome I et II. in-8. 176, 384 p. Soissons 1853, 1854.

BIOGRAPHIES GÉNÉRALES. (Heinicke, l'abbé de l'Épée, John
Wallis, Rodrigues Pereire, Bonet, Pierre Ponce de
Léon, F.-M. van Helmont, Jérome Cardan, Jean de
Beverley, Claude-François Deschamps, etc.) Firmin-
Didot, 1858.

**Blain (L'abbé A.).** Aide-mémoire ou petite encyclopédie du jeune sourd-muet. In-4 oblong, IV et 91 p.
Poitiers, Oudin 1886.

**Blain (L'abbé A.).** Une promenade au pays des sourds-
muets. Notes communiquées au journal *Le Cosmos*,
In-8. 22 p. Currière, 1886.

**Blain (L'abbé A.).** Echos et souvenirs des noces d'or
de l'institution des sourds-muets de Poitiers. 1838-
1888. In-8, 76 p. Currière, imprimerie de l'école des
sourds-muets, 1888.

**Blanchet (D' A.).** La surdi-mutité. Traité philosophique
et médical, avec planches. In-8, Tome I, 227, 27 et
91 p. 1850. Tome II, 523.p. Paris, Labé, 1852.

**Blanchet (D' A.).** Premier Rapport à M. le Ministre de
l'Intérieur sur l'enseignement et le développement
de la parole dans les établissements des sourds-
muets belges et allemands. In-4, 74 p. Paris, Labé
1851.

**Blanchet (D' A.).** Manuel de l'instituteur. Enseignement
des sourds-muets dans les écoles primaires. Résumé des premières conférences pratiques faites en
1858 par ordre de son exc. M. le Ministre de l'Intérieur. Tome I — Texte. Nouvelle édition. Paris
L. Hachette et C°, 1864 in-8, 124 p.

**Blanchet (D' A).** Moyens d'universaliser l'éducation des
sourds-muets sans les séparer de la famille et des
parlants. (Mémoire lu à l'Académie des sciences
morales et politiques). In-4, Paris, 1859

**Bonnafont (D').** De la surdi-mutité. Discours. In-8.
31 p. Paris. J-B. Baillière. 1853.

*Bordeaux* (Institution nationale de).

L'ABBÉ SICARD. Exercices que soutiendront les sourds et muets de naissance, le 12 et 13 septembre 1789, dans la salle du Musée de Bordeaux, dirigés par M. l'abbé Sicard, Instituteur royal, sous les auspices de M. Champion de Cicé, etc. In-4, 18 p. Bordeaux, Racle, 1789.

L'ABBÉ SICARD. Mémoire sur l'art d'instruire les sourds et muets de naissance, extrait du recueil du Musée. In-8, 38 p. Bordeaux, Michel Racle, 1789. Suivi des corrections de la pension des sourds et muets de l'école de Bordeaux. In-8, 4 p.

SAINT-SERNIN. Exercice public sur l'instruction des sourds et muets, dédié à MM. les Maire et Officiers municipaux de la ville de Bordeaux. In-4, 15 p. Bordeaux, A. Levieux, 1792.

SAINT-SERNIN. Second exercice public que soutiendront les sourds muets de naissance de l'école de Bordeaux, le 29 décembre 1794, in-4, 11 p. Bordeaux, A. Levieux.

SAINT-SERNIN et P. VIVÉ. Les Instituteurs de l'École nationale des sourds-muets de Bordeaux au Comité des secours publics de la Convention nationale (21 nivôse, an II). In-4, 11 p. Bordeaux, A. Levieux.

J.-B. MASSIEU. Rapport et projet de décret sur l'établissement d'une école de sourds-muets en la ville de Bordeaux. In-8, 7 p. Paris, 1793, Imprimerie nationale.

JOUENNE. Rapport et projet de décret sur l'organisation définitive des deux établissements fondés à Paris et à Bordeaux pour les sourds et muets, In-8, 11 p. Imprimerie nationale, an III.

Loi relative à l'organisation des deux établissements fondés à Paris et à Bordeaux pour les sourds-muets in-4, 2 p. Paris imprimerie du dépôt des Lois, an III.

H. C. COMBE. Notice sur l'institution. In-8; 4 p.

Compte rendu des travaux de l'école en 1821. In-8 ; 6 p.

Réglement pour l'Institution royale des *sourds-muets* de Bordeaux, Bordeaux. Lavigne.

Réglement sur l'Administration et le régime intérieur de l'Institution nationale des *sourds-muets* de Bordeaux. In-8, 38 p. Bordeaux, Durand. 1849.

Institution royale des *sourds-muets* de Bordeaux. Prospectus d'août 1837. In-4, 8 p.

FERDINAND LEROY. Discours prononcés aux distributions des prix de l'institution royale des sourds-muets de Bordeaux, 1839, 40 et 41, accompagnés de notes historiques. In-8. 65 p. Bordeaux, H. Faye, 1842,

Rapport à l'Empereur et décret (affectation de l'institution de Paris aux élèves sourds-muets et de l'institution de Bordeaux aux jeunes filles sourdes-muettes). Moniteur universel, 17 septembre 1859.

Pose solennelle de la première pierre des nouveaux bâtiments. In-8, 20 p, 1862.

FRANÇOIS ALBERT. L'institution des sourds-muets de Paris, celle de Bordeaux et celle de Chambéry (*Moniteur universel*, 26-27 Décembre 1865.

MINISTÈRE DE L'INTÉRIEUR. Les établissements généraux de bienfaisance. Monographies. (Voir Institutions des sourds-muets de Paris, Bordeaux et Chambéry. In-folio, 394 p. Paris, 1866).

Extrait du règlement sur l'administration et le régime de l'institution Ch. Robert. In-8, 8 p. Bordeaux, Gounouilhou.

Institution impériale des *sourdes-muettes* de Bordeaux, Prospectus (1868), In-4, 4 p. Bordeaux, Métreau et C^{le}.

VTE DE PELLEPORT. Études municipales sur la charité bordelaise. Première partie L'enfance. Tome I, p. 231, Institution impériale des sourdes-muettes de Bordeaux. In-8, Paris, Didier et C^{ie}; Bordeaux, P. Chaumas. — (vers 1870).

Institution nationale des *sourdes-muettes* de Bordeaux. Prospectus (de 1881). In-4, 4 p. Bordeaux, Adrien Boussin.

Distribution des prix. 1841, 1851 à 1859.

Distribution des prix. 1860 à 1871, 1873 à 1888. In-8.

**Borie** Notice sur l'institution départementale des sourds-muets de la Haute-Loire. In-8, 29 p. Le Puy, Pierre Pasquet, 1835.

**Boselli** (C. A.). Au congrès international de 1889 pour l'amélioration du sort des sourds-muets. Notes au programme par le directeur de l'institut royal de Gênes. Gr. in-8, 31 p. Gênes, imprimerie des sourds-muets, 1889.

**Bouchet. P.**). Abrégé de la doctrine chrétienne, suivi des prières du matin et du soir, à l'usage des sourds-muets et des aveugles de l'établissement de Fives-lès-Lille.

**Bouchet** (**Père. Is.**). Allocution adressée à Mgr. Bécel évêque de Vannes, le 15 Juin 1885, jour de la première communion et de la confirmation des sourdes-parlantes de l'école de la Chartreuse d'Auray (Morbihan) In-8, 11 p. Currière, 1886.

**Bouilly** (**J-N.**). L'abbé de l'Épée, comédie historique en cinq actes et en prose. Représentée pour la première fois au Théâtre français de la République le 23 frimaire an VIII. In-8, XVI et 85 p. Paris André, an VIII.

**Bouilly** (**J-N.**). L'abbé de l'Épée, etc. In-8. VIII et 68 p. Paris, André, an IX.

La comédie de Bouilly a été traduite en plusieurs langues; en Anglais par **B. Thompson** 1801; en hollandais par **J. Viselius** 1815; en allemand, par **A. V. Kotzebue**, en espagnol par **J. de Estrade** et en italien.

**Bouilly.** (**J-N**). Rentrée du C^(en) Sicard à l'institution nationale des sourds-muets. Nouvelle en prose. In-8 16 p. Paris, ancienne Librairie de Dupont, an VIII

**Bouilly** (**J. N.**). Mes récapitulations. Tome. II p. 136 à 154. Lecture de « L'abbé de l'Épée », au Théâtre

Français; p. 169 à 171, lecture chez Joséphine;
p. 183 à 195, représentation de « L'abbé de l'Epée »
Sicard mis en liberté et réintégré dans ses fonctions
p. 203 à 20. Hommages des jeunes sourds-muets
et de porteurs d'eau, p. 213. Remerciements de
Bonaparte, p. 213 à 214, M⁰⁰ Talma joue dans « L'abbé
de l'Epée » le rôle du sourd-muet, p. 252, Dazincourt
remplit le rôle de Dominique.

Consulter également : **Legouve.** Bouilly et l'abbé de l'Épée etc
(V. LEGOUVÉ),

**Bourse (Chanoine).** Les institutions de sourds-muets
en Italie et le congrès de Milan. Rapport. Citeaux
(Côte d'Or). In-8, 33 p. 1880.

**Bouvier (Dʳ).** De la surdi-mutité. Discours. In-8, 59 p.
Paris. J-B, Baillière. 1853.

**Breteuil (Baron de).** Arrêt du Conseil d'État du Roi,
25 Mars 1785. ( V. *Documents officiels* ).

**Breton (J-B-J.)** Procès de François Duval, sourd et muets
de naissance accusé de vol avec effraction. Paris,
Desenne et Dufresne. In-8, 18 p. An VIII — 1800,

**Brouland (Joséphine).** Explication du tableau spécimen d'un dictionnaire des signes du langage mimique mettant toute personne en état de l'apprendre
seule. In-8. 23 p. Paris Boucquin. 1855.

*Bruges.* Institut des sourds-muets et des aveugles.
Annuaires, 1840 et 41, in-16.

**Bruh'er d'Ablaincourt.** Caprices d'imagination, p. 205,
xɪᵐᵉ lettre sur les sourds et muets et la manière de
leur apprendre les sciences et même à parler. In-12
Paris. Briasson, 1740.

**Bucquet (Paul).** Exposition universelle internationale
de 1878 à Paris. Catalogue général de l'exposition du
Ministère de l'Intérieur. Institution nationale de
Paris et de Bordeaux. Page 22, à 24. Paris. Imprime-
ie nationale, 1878.

**Buffon.** Histoire naturelle générale et particulière,, 2ᵉ
édition, tome, III p. 317 à 351. Paris, Imprimerie
royale, 1750.

Bulletin de l'Académie de Médecine. Tome XVIII. p. 656 Rapport et discussion sur la surdi-mutité. In-8 Paris, J-B, Baillière 1852-53.

Bulletin de la Société centrale d'éducation et d'assistance pour les sourds-muets en France (Dr Dr Ladreit, de Lacharrière), In-8, 1re année 1874, 100 p. ; 2e année 1875 100 p.; 3e année 1876, 96 p. Paris, Delagrave.

Bulletin de la Société Génevoise d'utilité publique, de l'année 1866 : *Magnier*. L'instruction des sourds-muets envisagée principalement au point de vue de la nouvelle méthode allemande et des progrès qu'elle fait à l'étranger.

Bulletin de la Société J. R. Péreire. (Enseignement des sourds-muets). In-8, 192 p. Genève, Taponnier et Studer, 1877-78.

Bulletin de la Société universelle. In-8, 88 p. Paris 1870.

Camp (*Maxime du*). L'institution des sourds-muets. *Revue des deux mondes*, tome 104, 1 Avril 1873. p. 555 à 577.

Capella (A.). Avant toute instruction méthodique et spéciale, les sourds-muets ont-ils des idées abstraites? Thèse pour l'agrégation. Paris Clamaron, 1867.

Curette. (L). État intellectuel et moral de l'enfant sourd-muet et de l'enfant entendant-parlant au moment de leur entrée à l'école (Thèse pour l'agrégation). In-8. 16 p. Paris Boucquin, 1878.

Carton (L'abbé C.). Deux jeunes sourdes-muettes, Traduction de l'italien. In-8, 32 p. Bruges. Vanden-cas-tel-Werbrouck, 1838.

Carton (L'abbé C.). Anna ou l'aveugle sourde-muette de l'institut des sourds-muets de Bruges. In-8, 94 p. Gand. Annoot-Braeckman, 1843.

Carton (L'abbé C.). Mémoire couronné sur l'éducation intellectuelle des sourds-muets. In-4, 132 p. Bruxelles, Hayez, 1847.

**Carton** (**L'abbé C.**). L'instruction des sourds-muets mise
à la portée des instituteurs primaires et des parents.
Mémoire qui a remporté la médaille d'or au con-
cours de la Société centrale des sourds-muets à
Paris en 1855. Petit in-8, IX et 252 p. Bruxelles
Goémaere. Paris, J. Lecoffre et Cie, 1856.

**Carton** (**L'abbé C,**). Philosophie de l'enseignement ma-
ternel considéré comme type de l'instruction du
jeune sourd-muet. In-8, 183 p. Bruges, Vandecasteele-Werbrouck, 1862.

**Carton** (**L'abbé C.**). V. *Le sourd-muet et l'aveugle.*

Causes Célèbres. Tome LV. 146e cause. Enfant sourd
et muet abandonné, et ensuite présenté pour le véritable fils du comte de Solar, que l'on sentient, d'un autre
côté, être décédé. In-12, 240 p. P. G. Simon, 1779,

**Chaillet.** Mémoire sur l'institution des sourds-muets de
*Goux*, près Dôle (Jura). In-8, 47 p. Dôle, Prudent,
1835.

**Chambellan** (**V-G.**) De l'enseignement des sourds-muets.
Discours prononcé à l'institution de Bordeaux, 1858.

**Chambellan.** (**V.-G.**) Petites leçons de morale à l'usage
des écoles de sourds-muets. In-18, 35 p, Paris,
Boucquin, 1860.

**Chambellan.** (**V-G.**) Grammaire pratique et conversa-
tions familières, à l'usage des élèves sourds-muets
de troisième année. In-12, 1862.

**Chambellan.** (**V.-G.**) Grammaire pratique à l'usage des
élèves sourds-muets de 2me année. In-12, 167 p. Paris
Auteur, 1862.

**Chambellan.** (**V.-G.**). De l'utilité des écoles spéciales
de sourds-muets. Discours prononcé à la distributions des prix de l'Institution Impériale, le 12 août
1865, In-8, 15 p. Paris, Boucquin, 1865.

**Chambellan.** (**V.-G.**). But qu'il convient de se proposer
dans l'enseignement des sourds-muets. In-8, 8 p.
Paris, Boucquin, 1872.

**Chambellan.** (**V.-G.**). Un mot rétrospectif sur l'ensei-

gnement des sourds-muets. In-8. 8 p. Paris, Boucquin, 1876.

**Chambellan. (V.-G.).** De l'importance incontestable du
langage mimique dans l'enseignement des sourds-
muets de naissance. In-8. 19 p. Paris, 1881.

**Chambellan. (V.-G.).** Quelques mots sur la vulgarisa-
tion du langage des signes. In-8, 16 p. Paris, 1887.

**Charbonnier.** Institution de Berchem Sainte-Agathe.
Rapport sur la situation morale et matérielle de
l'institut pendant l'année 1885. In-8, 15 p.

*Chambéry. Institution nationale des sourds-muets*
Distribution des prix, 1857 à 1860, 1871 à 1888.
In-8.

Consulter : *Documents officiels* depuis l'année 1861.

**Charles (R.-P).** Conférences religieuses faites en mimique à l'Église St-Roch pour les sourds-muets de Paris.
Analysées et traduites en français par George-Martin
sourd-muet. In-8, 8 p. Paris, E. Brière et C⁰,
1856.

**Chazottes (L'abbé).** Programmes des études de l'institution des sourds-muets, fondée à Toulouse en 1826,
pendant l'année scolaire 1830-31, In-4, 25 p. Toulouse
Jean-M, Douladoure.

**Chazottes (L'abbé).** Petit livre de prières. In-32, avec
gravures. Toulouse, Aug. Manavit.

**Chazottes (L'abbé)** Abrégé de l'Histoire naturelle des
animaux à l'usage de la première enfance. 1 vol.
in-12. avec gravures. Toulouse, 1843.

**Chervin ainé.** Bienfaiteurs des sourds-muets. In-8,
52 p. Grenoble, F. Allier père et fils, 1863.

CIRCULAIRE de l'Institut royal des sourds-muets de
Paris (Première) à toutes les Institutions de sourds-
muets de l'Europe et de l'Amérique. Publiée pour
la première fois en 1827 (Baron de Gérando), 3ᵐᵉ
édition. In-8, 8 p. Paris, Terzuolo, 1849.

CIRCULAIRE de l'Institut royal des sourds-muets de
Paris (Deuxième) à toutes les Institutions de sourds-

muets de l'Europe et de l'Amérique. In-8, VII et
91 p. Imprimerie royale, 1820.

CIRCULAIRE. (Deuxième) etc. 2me édition. In-8, VII et
102 p. Paris, Terzuolo. 1811.

CIRCULAIRE de l'Institut royal des sourds-muets de
Paris. (Troisième) à toutes les Institutions de sourds-
muets de l'Europe, de l'Amérique et de l'Asie.
In-8, XII et 208 p. Paris, Imprimerie royale, 1832.

CIRCULAIRE de l'Institut royal des sourds-muets de
Paris. (Quatrième) etc. (Édouard Morel). In-8,
VIII et 190 p. Paris, Imprimerie royale,1832.

**Clamaron.** Alphabet dactylologique, orné de dessins
variés représentant deux exemples pour l'application de chacun des signes dactylologiques. In-8, 2 p.
27 planches lithographiées. Paris, J. Clamaron, 1875.

**Claveau (O.).** L'enseignement de la parole dans les ins-
titutions de sourds-muets. Rapport à Monsieur le
Ministre de l'intérieur. Grand in-8, 41 p. Paris,
Imprimerie nationale, 1880.

**Claveau (O.).** De la parole comme objet et comme moyen
d'enseignement dans les institutions de sourds-muets.
Rapport à Monsieur le Ministre de l'intérieur.
Grand In-8, IX et 157 p. Paris, Imprimerie nationale, 1881.

**Claveau (O.).** Discours prononcé à la distribution
des prix faite aux élèves de l'Institution nationale
des sourdes-muettes. Bordeaux. 1881.

**Claveau (O.).** Rapport à Monsieur le Ministre de l'intérieur sur les travaux du congrès de Bruxelles
pour l'amélioration du sort des sourds-muets et sur
les institutions de sourds-muets de la Belgique et
de la Hollande. In-8, 31 p. Paris, imprimerie des
journaux officiels, 1881.

**Claveau (O.).** Les organes de la parole et leur emploi pour la formation des sons du langage, par
G. H. de Meyer, professeur d'anatomie à l'Univer-
sité de Zurich, traduit de l'allemand et précédé
d'une introduction sur l'enseignement de la parole

aux sourds-muets, par O. Claveau. In-8. XXIV et
248 p. fig. Paris, Félix Alcan. 1885.

**Claveau (O.)**. Sourds-muets. In-8. 12 col., 1886, Extrait
du dictionnaire de pédagogie et d'instruction primaire.

**Claveau (O.)**. Rapport au Ministre de l'intérieur sur le
résultat des examens pour la délivrance des certificats d'aptitude concernant l'enseignement des
sourds-muets élèves-boursiers des départements ou
des communes et sur l'état de l'enseignement dans
les institutions de sourds-muets en France. In-8,
47 p. Paris, imp. des journaux officiels, 1886.

**Claveau (O.)**. Des équivalences de position de la langue dans l'articulation de certains éléments phonétiques. Extrait de la *Revue française de l'éducation des sourds-muets*. In-8, 8 p. 1887.

**Clerc**. Discours lu par M. Gallaudet à l'examen des élèves de l'asile établi dans le Conecticut, traduit
de l'anglais par Pissin. In-8, 32 p. Genève, Paris
1818.

**Coldefy (Victor)**. Historique de l'enseignement en France
modifications qu'il a subies. Thèse pour l'agrégation. In-4, 22 p. Paris J. Clamaron, 1865.

**Coldefy (Victor)**. De l'éducation des sourds-muets. In-8,
32 p. Paris, G Masson, 1879.

**Colombat (E.)**, Du cours d'articulation dans l'enseignement des sourds-muets. In-8, 51 p. Paris, L. Larose
1873.

**Colombat (E.)**. De la sociabilité des sourds-muets. In-8,
30 p. Paris, P. Asselin, 1871.

**Colombat (E.)**. Méthode rationnelle d'articulation à l'usage
des institutions de sourds-muets (Ecole française)
In-8, VI et 91 p. Paris, P. Asselin, 1875.

**Comte (H.)**. Enseignement spécial. Études sur les ins-
truments d'interprétation et sur les publications qui
s'y rattachent. Thèse pour l'agrégation In-4, 48 p.
Paris, Clamaron, 1867.

**Condillac.** Essai sur l'origine des connaissances humaines. Tome I. chap. II, page 190. Amsterdam, Pierre Mortier, 1746.

Conseiller Messager des Sourds-Muets (Le). Bulletin des écoles, publié sous la direction de M. l'abbé Lambert.

Consultation pour le sieur Cazeaux. In-4, 4 p. Knapen 1770.

**Coste d'Arnobat.** Essai sur de prétendues découvertes nouvelles, dont la plupart sont âgées de plusieurs siècles. In-8, 396 p. Paris, C.-F. Patris, 1803.

**Congrès** universel pour l'amélioration du sort des aveugles et des sourds-muets. Tenu à Paris du 23 au 30 septembre 1878. Amélioration du sort des sourds-muets (Compte rendu des séances de la 4e section) In-8, 163 p. Paris, Imprimerie Nationale. 1879.

Méthodes et procédés, etc. Congrès international Paris 1878 (*M. Magnat*)

**Congrès international** (Compte rendu du) pour l'amélioration du sort des sourds-muets tenu à Milan du 6 au 11 septembre 1880. In-8, VIII, et 326 p, Rome Héritiers Botta, 1881.

Au congrès international de 1880 pour l'amélioration du sort des sourds-muets. Notes au programme (*l'abbé Boselli*)

Aux membres du congrès international de Milan pour l'amélioration du sort des sourds-muets. (*P. Thomas Pendola*)

Un premier résultat du congrès international de Milan. (*L. Vaisse*)

Le congrès de Milan pour l'amélioration du sort des sourds-muets. (*La Rochelle*)

Rapport sur les mémoires envoyés en réponse à la première et à la deuxième question du programme, Congrès international de Milan. (*A. Houdin*)

Rapport à M. le Ministre de l'Instruction publique sur le congrès international des maîtres de sourds-muets à Milan. (*A. Houdin*)

Rapport au ministre de l'intérieur et des cultes sur le congrès international réuni à Milan (*Ad. Franck*).

Organisation des écoles de sourds-muets. Congrès de Milan 1880. (*M. Magnat*)

Les institutions de sourds-muets en Italie et le Congrès de Milan. (*Ch<sup>me</sup> Bourse*)

**Congrès de Bordeaux** tenu du 8 au 14 Août 1881, sous le patronage de M. le Ministre de l'Intérieur. Comptes rendus analytiques des séances publiés par les soins du bureau. In-8, 195 p. Bordeaux, J. Durand 1882.

Allocutions et discours prononcés aux congrès nationaux de Lyon et de Bordeaux. (*A. Houdin*).

Rapport de statistique (Congrès national de Bordeaux. (*A. Houdin*)

Historique de la fondation des Congrès pour l'amélioration du sort des sourds-muets.

**Troisième Congrès international** pour l'amélioration du sort des sourds-muets tenu à Bruxelles du 13 au 18 Août 1883. In-8, 328 p. Bruxelles, F. Hayez 1883.

Les instituts de sourds-muets et d'aveugles de Belgique. Congrès de Bruxelles (*V. Oudart*)

Résumé analytique des travaux du 3<sup>me</sup> Congrès international tenu à Bruxelles (*L. Van Schelle*)

Rapport sur les mémoires envoyés au comité en réponse aux six questions du programme. Congrès de Bruxelles. (*A. Houdin*)

Rapport sur les travaux du congrès de Bruxelles, présenté à M. Waldeck-Rousseau ministre de l'intérieur (*G. Le Guay, H. Rousseau, O. Clavean*).

Le troisième Congrès international tenu à Bruxelles (*D. Hirsch*)

Rapport à M. le Ministre de l'instruction publique sur le congrès international tenu à Bruxelles (*F. Hément.*)

**Congrès** de Paris tenu du 15 au 20 Septembre 1881 In-8, 267 p. Paris 1885.

L'institution nationale au Congrès de Paris (*M. Dupont*)

**Congrès national** (*Troisième*) pour l'amélioration du sort des sourds-muets. Congrès de Paris tenu du 4 au 6 Août 1885, sous le patronage de M. le Ministre de l'intérieur. In-8, 136 p. Paris, P. Ritti, 1886.

COURRIER FRANÇAIS DES SOURDS-MUETS (LE). Revue périodique paraissant du 1er au 10 de chaque mois, sous l'inspiration de l'abbé de l'Epée, libérateur des sourds-muets. 3ᵉ année, 1887, 141 p,

4ᵉ année paraissant tous les deux mois par nuro de 16 p. in-8, 96 p.

Pour la 1ʳᵉ et la 2ᵉ année, *V. La Défense des sourds-muets.*

Ce Recueil fait suite à la Défense des sourds-muets,

COURS GRADUÉ de langue française à l'usage des sourdes-muettes professé à l'institution nationale de Bordeaux.

Première année 2ᵉ semestre. In-8, 76 p. Bordeaux A. Roussin, 1882.

Deuxième année. In-8, 98 p. Bordeaux V. Crespy 1885.

*Currière (institution de)* entretenue par les R. R, P. P. Chartreux. Distribution solennelle des prix 1885, 86-87, In-8, Imp. de l'école des sourds-muets,

Distribution des prix et discours, 30 Juillet 1885, in-8, 35 p, Grenoble Baratier et Dardelet 1885.

Discours prononcé à la distribution des prix par le T. R. P. Hilaire de Paris, le 30 Juillet 1885. Deuxième édition revue et augmentée de notes très intéressantes. In-8, 16 p. Currière imp. de l'école des sourds-muets, 1887.

**Cousin** (**H**). Méthode Blanchet. Enseignement des sourds-muets dans les écoles primaires. Résumé des conférences faites aux instituteurs du Jura pendant les retraites pédagogiques de 1865 à 1873.
I. Livre du maître. II Livre de l'élève, Exercices de langage. III Premières notions de calcul. In-8, 198 12 et 279, 55 p. Lous-le-Saunier, Gauthier, Paris Delagrave, 1875.

**Cuvier.** De l'Éducation des sourds-muets de naissance par M. de Gérando. Rapport à l'Académie des sciences. Petit in-8, 16 p. Paris. Rignoux, 1827.

**Cyrille** (**Frère**). L'enseignement intuitif d'après M. Hill ou livre de lecture et de langue maternelle 1re partie. In-12, ix et 159 p. 2me partie, 163 p. Bruxelles V. Devaux et Cie, 1870.

**Cyrille.** (**Frère**). Livre de lecture à l'usage des élèves de l'Institut royal de Bruxelles. In-12, xi et 78 p. Bruxelles, V. Devaux et Cie, 1872.

**Cyrille.** (**Frère**) L'articulation, Guide pour enseigner aux sourds-muets la parole et la lecture sur les les lèvres, d'après Hill. In-12, xviii et 45 p. Bruxelles. V. Devaux et Cie, 1872

**D. D.** (**F**) de la congrégation des Frères de Saint-Gabriel — Nouvelle méthode d'enseignement pratique de la langue française à l'usage des institutions de sourds-muets.
Livre de l'élève I, II, III. In-8, 75 p. 576 p. 461 p. Poitiers, H. Oudin, 1876.

**Daras** (**L'abbé**) F. Le *Bienfaiteur* des sourds-muets.

**Darwin** (**Charles**). L'expression des émotions chez l'homme et les animaux. Traduit de l'anglais par les Dr *Pozzi et Benoit*. Sourds-muets instruits par antithèse, p. 61 et 65, Paris, C. Reinwald, 1877.

DÉFENSE DES SOURDS-MUETS. (LA) Journal de leurs intérêts paraissant tous les mois
Numéro spécimen. 3 Décembre 1884, 8 p,
1re année 1885 106 p.
2e année 1886, 140 p.

J. Turcan sourd-muet, fondateur. Aix, Bouches du Rhône.

**Degérando**. Des signes et de l'art de penser considérés dans leurs rapports mutuels. Tôme II, chap. VIII, p. 324 ; Des effets propres au langage d'action, chap. XV Du dessin et de l'écriture ; Tôme IV, chap. VII. Des sourds-muets de naissance et des méthodes suivies pour leur instruction. p. 452 à 485. In-8, Paris Goujon, an VIII.

**Degérando**. De l'éducation des sourds-muets de naissance. In-8, tôme I. XV et 592 p. tôme II, 668 p. Paris, Méquignon l'ainé père, 1827.

Consulter également: BAYLE-MOUILLARD, CUVIER, CIRCULAIRES de l'institution de Paris. DICTIONNAIRE encyclopédique de l'Histoire de France, Cte BENOIT, discours.

**Delaplace ( L'abbé )**. Articulation française. Alphabet. In-4, 28 p, Paris, Delagrave, 1881.

**Deleau jeune (Dr)**. Observations de deux sourdes-muettes qui entendent et qui parlent pour servir de preuve que beaucoup de sourds peuvent jouir du même bienfait. In-8. 35 p. Commercy, Denis, 1823.

**Deleau jeune (Dr)**. L'ouïe et la parole rendue à Honoré Trezel, sourd-muet de naissance, précédé d'un rapport fait à l'Académie des Sciences, avec le portrait et un fac-simile de l'écriture de ce jeune sourd-muet. In-8, 52 p. Paris, Melle Delaunay, 1825.

**Deleau jeune ( Dr )**. Nouvelles recherches physiologiques sur les éléments de la parole qui composent la langue française et sur leur application à une nouvelle dactylologie pour l'éducation des sourds-muets. Mémoire lu à l'Académie des Sciences le 21 Juin 1830. In-8, 27 p. Paris, Delanchy.

**Deleau jeune (Dr)**. Exposé d'une nouvelle dactylologie alphabétique et syllabique. In-8, 14 p. 4 planches Cambrai. A. F. Hurez, 1830.

**Deleau jeune (Dr)**. Exposé des travaux entrepris par le Dr Deleau à l'occasion de quelques sourds-muets qui lui ont été confiés par l'académie royale des sciences. Une feuille. Paris, Le Normand, 1831.

**Deleau jeune** ( **D**<sup></sup>). Lettre à Messieurs les Membres de L'Académie des Sciences, 3 p. Paris. Delanchy, 1843.

**Denis** ( **Théophile**). Les institutions nationales de sourds-muets et le ministère de l'intérieur. In-8, 24 p. Paris, Berger-Levrault et C<sup>ie</sup>, 1882.

**Denis** ( **Théophile**) L'enseignement de la parole aux sourds-muets. Notes sur la réforme introduite, depuis 1879, par le ministre de l'intérieur dans les établissements de bienfaisance consacrés à l'éducation et à l'instruction des sourds-muets. In-8, 37 p. Paris Berger-Levrault et C<sup>ie</sup> 1886.

**Denis** ( **Théophile**). Les artistes sourds-muets au salon de 1886. In-8, 4 p. Paris, Paul Ritti, 1886.

**Denis** ( **Théophile**). Les conseils généraux et les institutions de sourds-muets. In-8, 24 p. Paris, Berger-Levrault et Cie, 1887.

**Denis** ( **Théophile**). Les sourds-muets et le budget départemental de 1888. In-8, 36 p. Paris, Eug. Bélanger 1888.

**Deschamps** ( **L'abbé**). Lettre à M. de *Scilly* capitaine de cavalerie sur l'institution des sourds et muets. In-12, 58 p. Londres et Paris, Jean Valade, 1777.

**Deschamps** ( **L'abbé**). Cours élémentaire d'éducation des sourds et muets suivi d'une dissertation sur la parole, traduite du latin de Jean-Conrad Amman, par Beauvais de Préau. In-12, XXIV, LIV et 36 p. Paris, Debure, 1779.

**Deschamps** ( **L'abbé**). Lettre à M. de Bellisle pour servir de réponse aux observations d'un sourd et muet sur un cours élémentaire d'éducation des sourds et muets publié en 1779, suivie de plusieurs autres lettres. In-12, 47 p, 1780.

**Deschamps** ( **L'abbé**). De la manière de suppléer aux oreilles par les yeux, pour servir de suite au cours élémentaire d'éducation des sourds et muets. In-12, 12 et 97 p. Paris, Debure et Cuchet, 1783.

**Desloges (Pierre)** Observations d'un sourd et muet sur un cours élémentaire d'éducation des sourds et muets publié en 1779, par M. l'abbé Deschamps. In-12, 6, 13 et 66 p. Amsterdam. Paris, Morin. 1779.

DICTIONNAIRE de la conversation et de la lecture : Ch. M. de l'Épée (P.-A. Dufau), L'abbé Sicard (F. Berthier) Sourds-muets (F. Berthier). In-8, Paris, Belin-Mandar, 1837.

DICTIONNAIRE encyclopédique de l'Histoire de France (L. Clerc, de Gérando, Itard, l'abbé de L'Epée, Jean, Massieu, Fabre d'Oliver, L'abbé Sicard, sourds-muets) Paris, Firmin Didot.

**Diderot.** Lettre sur les sourds et muets à l'usage de ceux qui entendent et parlent. In-12, 1751.

**Diderot.** Lettre sur les sourds et muets etc, avec des additions. In-12, Amsterdam, 1773.
Consulter également: Encyclopédie tome x p, 842, Muet.

**Documents officiels, — Lois, — Ordonnances, — Décrets** sur l'enseignement des sourds-muets en France

*1778, 21 Novembre* — Arrêt du Conseil d'État du Roi. Concernant l'éducation et l'enseignement des sourds-muets (*Amelot*). In-4, 3 p. Imprimerie Royale 1778.
Plaçant sous la protection du Roi, l'établissement de l'abbé de l'Épée et y destinant une partie des biens du Monastère des Célestins.

*1785, 25 Mars.* — Arrêt du Conseil d'État du Roi. qui ordoune que l'Établissement formé pour l'instruction des sourds et muets par le sieur abbé de l'Épée sera incessamment et irrévoc̣blement placé et fondé dans la partie des bâtiments des Célestins de Paris etc. (*B<sup>n</sup> de Breteuil*), In-4, 6 p. Imp. royale, 1775.
Une somme de 3.400 livres sera allouée à l'abbé de l'Épée.

*1790, 21 Août* — Décret renvoyant une pétition de l'abbé Sicard au comité de mendicité.
Pour améliorer et consolider le sort de son établissement.

*1791, 20 Avril.* — Arrêté du directoire du département de Paris désignant l'ancien monastère des Célestins comme local pour les Sourds-Muets.

*1791, Juillet.* — Rapport sur l'établissement des Sourds-Muets fait à l'Assemblée Nationale. In-4 10 p. Paris. Imp. des Sourds-Muets, 1791.

> Assemblée Nationale, séance du jeudi soir 21 juillet 1791. Adoption du projet de décret modifié par *Malouet*.

*1791, 21-29 Juillet.* — Loi Relative à M. L'abbé de L'Épée et à son Établissement en faveur des sourds et muets. 29 Juillet 1791 (*L. F. Duport*). In-4. 4 p. Paris, imp. royale, 1791.

> « Art 1er. Le nom de l'Abbé de l'Épée, premier fondateur de cet Établissement sera placé au nombre de ceux des citoyens qui ont le mieux mérité de l'humanité et de la Patrie. »

> Fondation de 24 places gratuites.

*1791, 28 Septembre, 12 Octobre.* — Décret de l'Assemblée Nationale réunissant dans le Couvent des Célestins l'établissement des aveugles nés et celui des Sourds-Muets.

*1792, 16 Février.* — Réglemens pour l'établissement des sourds-muets et des aveugles nés, approuvés par les administrateurs du directoire du département de Paris. (*La Rochefoucauld*). Paris imprimerie de l'institution des sourds-muets près l'Arsenal, 1792.

*1792, 10 Septembre.* — Décret concernant les pensions des élèves des établissements des sourds et muets et des aveugles-nés.

*1793.* Rapport et projet de décret sur l'établissement d'une école de sourds-muets en la ville de Bordeaux. (*J. B. Massieu*). In-8, 7 p. Paris, imp. nat. 1793.

*1793, 12-14 Mai.* — Décret concernant l'école des sourds et muets des deux sexes établie à Bordeaux.

> Cette institution devient nationale, il lui est alloué une subvention annuelle de 16,000 livres, 14 places gratuites.

*1793, 28 Juin.* — Décret relatif à l'organisation de six établissements pour les Sourds-Muets à Paris, à Bordeaux, à Rennes, à Clermont, à Grenoble et à Nancy.

Ce décret rendu sans discussion à la fin de la loi sur l'organisation des secours publics, a été rapporté et remplacé par le décret du 16 nivôse an III.

*1794, 13 Février.* — Décret autorisant les Comités des secours et d'aliénation à faire transférer les sourds-muets au ci-devant séminaire de Saint-Magloire.

*1794, 5 Mars* — Délibération des comités réglant les dispositions pour l'installation des sourds-muets dans le nouveau local.

*1795.* — Rapport et projet de décret sur l'organisation des établissements pour les sourds-muets, au nom du comité des secours publics. Imprimé par ordre de la Convention (*Roger-Ducos*)

Tendant à l'établissement de six institutions.

*1795.* — Rapport sur les sourds-muets, au nom du Comité d'instruction publique, imprimé par ordre de la Convention (*Thibaudeau*)

Concluant au maintien des deux établissements existants.

*1795* — Rapport et projet de décret, sur l'organisation des établissements pour les sourds et muets indigens, décrétés le 28 Juin dernier. In-8, 30 p. Paris imp. nationale, 1795. (*Maignet*)

Création à Paris d'une école centrale pour l'instruction des citoyens désirant se consacrer à l'éducation des sourds-muets.

*1795.* — Compte rendu à la Convention nationale de ce qui s'est passé à l'établissement des sourds-muets dans la séance tenue en présence des membres du comité des secours publics. Présenté au nom de ce comité pour servir de suite au rapport de Maignet sur les sourds-muets (avec 3 tableaux et explications par Sicard, Périer et Massieu) In-4, 4 p. Paris, 1795.

*1795, 5 Janvier.* — Loi relative à l'organisation des deux établissements fondés à Paris et à Bordeaux pour les sourds-muets. In-4 2 p. Paris, imp. du dépôt des lois, an III.

*1795, 4 Janvier.* — Décret additionnel qui fixe à 60 le nombre des places gratuites dans chacune des deux maisons et décide que la durée des études sera de 5 ans.

*1795, 25 Octobre.* — Décret sur l'organisation de l'instruction publique.

    « Titre III. Des écoles spéciales.

    « Art. 2. — Il y aura de plus des écoles pour les sourds-muets, et pour les aveugles nés. »

*1795, 1 Décembre.* — Message du Directoire exécutif au Conseil des Cinq-Cents au sujet de l'insuffisance des ressources dont dispose l'établissement des sourds-muets.

*1795, 4 Décembre.* — Loi affectant sur les fonds du Ministère de l'intérieur une somme de 10.850 livres 11 sous pour être employée à combler les dépenses de l'établissement des sourds-muets mentionnées dans le Message du 20 frimaire (11 Décembre).

*1796.* — Loi mettant à la disposition du Ministère de l'Intérieur une somme de 118.000 livres pour l'acquit des dépenses concernant l'établissement des sourds-muets.

*1796, 21 Septembre.* — Loi du Gouvernement directorial qui affecte à l'école des sourds-muets de Bordeaux l'ancien couvent des Catherinettes, déclaré propriété nationale en 1791.

*1796, 17 Octobre.* — Loi sur les hospices civils.

    « Art. 4 Les établissements existants destinés aux aveugles-nés et aux sourds-muets resteront à la charge du trésor national »

*1800, 5 Septembre.* — Règlement (15 articles) pour l'établissement des sourds-muets de naissance (*L. Bonaparte.* Ministre de l'intérieur).

*1800, 10 Octobre* — Règlement (17 Titres 79 articles) pour l'institution nationale des sourds-muets de naissance de Paris. (*L. Bonaparte*. ministre).

*1801, 30 Octobre*. — Règlement. (*Chaptal*, ministre de l'intérieur).

*1822, 8 Février*. — Circulaire aux préfets (*Baron Capelle*).

Invitation aux préfets de multiplier les institutions de sourds-muets et à fonder des bourses dans les établissements existant.

*1825, 21 Novembre*. — Circulaire aux préfets (*Cte Corbière*. Ministre de l'intérieur.)

Au sujet d'un prospectus de l'institution de Paris qu'il serait utile de porter à la connaissance des pères de familles *aisés* ayant des enfants sourds-muets. Prix de la pension 800 fr. pour les parents, 500 fr. pour les Conseils Généraux.

*1827, 27 Septembre*. — Circulaire aux préfets (*Cte Corbière*)

Envoi d'une instruction relative à la préparation des élèves pendant qu'ils sont encore dans leurs familles.

*1828, 10 Avril*. — Circulaire prescrivant le dénombrement des sourds-muets existant en France.

*1831, 14, 28 Mai*. — Ordonnance relative à la comptabilité des institutions royales des sourds-muets.

*1833, 11 Juillet*. — Ordonnance portant reconnaissance comme établissement d'utilité publique de la maison de refuge créée pour recevoir les jeunes sourdes-muettes indigentes à leur sortie de l'institution de Paris.

*1834, 2 Juin*. — Circulaire aux préfets (*Thiers*).

Constatant l'existence en France de 12.000 sourds-muets environ 2,500 et de 8 à 16 ans 5 ou 600 dans les écoles. Appel aux Conseils Généraux pour obtenir des subventions, demande de statistique, surveillance, etc.

*1838, 18 Août*. — Arrêté concernant les aspirants et les aspirantes à l'enseignement des sourds-muets dans l'institution de Paris; brevet de capacité.

*1840, 6 Août.* — Circulaire sur le paupérisme et la charité légale. En ce qui concerne les sourds-muets, le Ministre appelle l'attention des préfets sur le nombre trop restreint des établissements qui les reçoivent et sur les subventions insuffisantes votées par les Conseils Généraux.

*1841, 21 Février.* — Ordonnance concernant l'administration des établissements généraux de bienfaisance. Création des commissions consultatives.

*1841, 22 Juin.* — Arrêté relatif à l'exécution de l'ordonnance du 21 février, notamment en ce qui concerne les commissions consultatives des institutions des sourds-muets.

*1841, 14 Août.* — Circulaire rappelant celle du 6 Août 1840 et insistant pour que les Conseils généraux s'occupent sérieusement de la situation des sourds-muets. Demande de renseignements statistiques.

*1841, 29 Mai.* — Décision ministérielle approuvant le traité en exécution duquel le service intérieur de l'institution de Bordeaux et l'enseignement des jeunes sourdes-muettes sont confiés aux sœurs de la Congrégation de Nevers.

*1847, 27 Juillet.* — Règlement sur l'administration et le régime intérieur de l'institution royale des sourds-muets de Paris. (*Duchâtel*, ministre).

*1847, 5 Décembre.* — Arrêté fixant le rang des fonctionnaires et proposés de l'institut royal des sourds-muets de Paris.

*1848, 9 Octobre.* — Circulaire exprimant le vœu de voir les Conseils généraux accroître le nombre de bourses votées en faveur des sourds-muets pour leur entretien dans les établissements départementaux et de l'État.

*1858, 20 Août.* — Circulaire relative au mode d'instruction des sourds-muets. De leur admission dans les écoles communales et de l'envoi à Paris, par les conseils-généraux, de quelques délégués des écoles normales primaires pour se familiariser avec la nouvelle méthode.

*1859, 11 Septembre.* — Rapport à l'empereur et décret (affectation de l'institution nationale de Paris aux garçons et de l'institution nationale de Bordeaux aux filles).

*1861, 19 Mars.* — Décision ministérielle portant reconstruction sur place des bâtiments de l'institution des sourdes-muettes de Bordeaux.

*1861, 16 Octobre.* — Décret dénommant institution impériale et classant parmi les établissements généraux de bienfaisance l'institution des sourds-muets de Chambéry.

*1862, 6 Juillet.* — Décret autorisant l'acquisition du domaine de Corinthe pour l'institution impériale des sourds-muets de Chambéry.

*1866, 17 Août.* — Circulaire faisant connaître que le Ministre compléterait par une demi-bourse celle fournie par les départements dans les institutions impériales de sourds-muets.

*1866, 28 Août.* — Circulaire relative aux conditions d'admission dans les institutions impériales des sourds-muets des deux sexes.

*1870, 13 Avril.* — Circulaire relative au paiement des bourses entretenues par les départements, les communes et les établissements de bienfaisance à l'institution impériale des sourds-muets de Paris.

*1872, 22 Août.* — Circulaire rappelant que l'État complète par une demi-bourse chaque demi-bourse fournie par les départements dans les institutions nationales de sourds-muets, et faisant ressortir les inconvénients des admissions tardives.

*1884, 2 Septembre.* — Circulaire aux préfets et arrêté *(Waldeck-Rousseau)* in-4, 5. p.

Instituant des certificats d'aptitude de deux degrés.

*1885, 17 Novembre*. — Rapport au Ministre de l'intérieur. (*H. Rousseau* Arrêté (*Allain-Targé*).

Institution d'un conseil de perfectionnement de l'enseignement professionnel.

*1886, 14 Août*. — Arrêté déterminant les conditions dans lesquelles les professeurs de l'Institution nationale des sourds-muets de Paris peuvent être détachés dans les institutions des départements (*Sarrien* Ministre.

*1887, 20 Juillet*. — Circulaire relative aux prix de pension dans les institutions nationales de sourds-muets.

*1887, 3 Août*. — Circulaire relative aux conditions d'admission dans les institutions nationales de sourds-muets.

**Dublar (L.-J.)** Mutisme sténographique ou nouvel interprête à l'usage des sourds-muets, suivi du mutisme nocturne et d'une réfutation du système actuel du signe et de la Mimographie de l'abbé de l'Épée ( Avec plusieurs planches gravées. ) In-8, 15 p 4 pl. Paris, Delaunay, 1835.

**Dubois.( B).** Cause de mutisme chez les sourds Communément désignés sous le nom de sourds-muets. In-8 21 p. Paris, auteur. 1841.

**Dubranle. (A.).** Des critériums d'admission à l'institution des sourds-muets pauvres de la campagne, à Milan par (*M. l'abbé J. Tarra.*) traduction de MM. Dubranle et Dupont. 1881.

**Dubranle (A.).** Esquisse historique et court exposé de la méthode suivie pour l'instruction des sourds, muets de la paroisse et du diocèse de Milan par *M. l'Abbé J. Tarra* (traduction de MM. A. Dubranle et Dupont). 1883.

**Dubranle (A.)** Suppléance de l'ouïe chez les sourds par la lecture sur les lèvres. In-8, 31 p. Paris In-8, 31 p. Paris, G. Masson, 1881.

**Dufau.** (**P. A.**) V. *Dictionnaire de la conversation et de la lecture.* Tome XXIV p. 453 à 456. Ch. M. de L'Épée,

**Dupont (M.).** Des critériums d'admission à l'institution des sourds-muets pauvres de la campagne, à Milan par (*M. l'abbé J. Tarra.*) traduction de MM. Dubranle et Dupont. 1881.

**Dupont (M.)** La voix du sourd. Thèse pour l'agrégation. In-8, 31 p. Paris, E. Plon et Cie, 1882.

**Dupont (M.).** Esquisse historique et court exposé de la méthode suivie pour l'instruction des sourds-muets de la paroisse et du diocèse de Milan par *M. l'Abbé J. Tarra* (traduction de MM. A. Dubranle et Dupont). 1883.

**Dupont (M.)** La Lecture sur les lèvres palliatif de la surdité, Paris, 1884.

**Dupont (M.).** L'institution nationale au congrès de Paris, Septembre 1884. In-8, 40 p. Paris, G. Pelluard 1885.

**Dupont (M.).** Des livres de lecture. Petit in-8, 12 p. Genève 1885.

**Dupont (M.)** Communications faites au congrès de Paris. Petit in-8, 33 p. Genève, 1885.

**Dupont (M.)** Historique de l'enseignement des sourds-muets en Allemagne. Conférences faites à l'institution nationale des sourds-muets de Paris par *Kilian* et recueillies par M. Dupont, In-8, 28 p. Paris, G. Pelluard, 1885.

**Duport. (F.)** V. *Documents Officiels.* 1791.

**Dusuzeau (E.)** De l'utilité de l'enseignement des mathématiques aux sourds-muets. Comment elles peuvent leur être enseignées. (Thèse pour l'agrégation). In-4, 58 p, Paris, 1871.

**Épée (L'abbé de l'.)** Exercice de sourds et muets qui se fera le Jeudi 2 Juillet 1772, chez M. l'abbé de l'Épée, rue des Moulins, butte Saint-Roch, depuis 3 heures jusqu'à 7 heures. In-4, 23 p. Paris, L. Collot, 1772.

**Épée (L'abbé de l')**. Exercice de sourds et muets qui se fera le mercredi 4 Août 1773, chez M. l'abbé de l'Épée, rue des Moulins. In-4, 28 p. Paris, Grangé.

**Épée (L'abbé de l')**. Institution des sourds et muets ou recueil des exercices soutenus par les sourds et muets pendant les années 1771, 1772, 1773, et 1774, avec les lettres qui ont accompagné les programmes de chacun de ces exercices. In-12, viii et 104 p. Paris, Butard, 1774.

**Épée (L'abbé de l')**. Institution des sourds et muets par la voie des signes méthodiques ; ouvrage qui contient le projet d'une langue universelle par l'entremise des signes naturels, assujettis à une méthode. In-12, viii, 228 et 132 p. Paris, Nyon l'aîné, 1776.

**Épée (L'abbé de l')**. La véritable manière d'instruire les sourds et muets confirmée par une longue expérience, par M. l'abbé ***, instituteur des sourds et muets de Paris. In-12, xxiv et 363 p. Paris, Nyon l'aîné.

Consulter plus particulièrement: *Documents officiels*, et les auteurs suivants : M⁰⁰ Adam de Boisgontier, J. Alard, d'Aléa, Anot de Maizières, V. Burt, Bazot, Élie de Beaumont, A. Bébian, Ad. Bélanger, F. Berthier, J. N. Bouilly, O. Claveau, Degérando, Dufau, Egron, J. F. Eude, Martin Etcheverry, L'abbé Fauchet, Fouraier des Ormes, Ach. Jubinal, L. Halévy, Legouvé, Maréchalle et Constant, Paulmier. Procès du C⁰ de Solar, Riche. L'abbé Sicard, L. Vaïsse, J.-L. Valade Gabel.

**Egger**. La parole intérieure, p. 22, 27 et 28, 37, 49, 63, 201 et 288. Paris, Germer-Baillière, 1881.

**Esquiros (Alph.)**. Paris au XIXᵉ siècle. In-8, tome II, p. 391 (les sourds-muets) Paris Comon et Cie 1847.

**Eude (J-F.)** Rapport du procès Solar fait le 5 Juin 1792 et jours suivants à l'audience publique du second tribunal criminel, établi par la loi du 14 Mars 1791 et séant à Paris au Palais de Justice par Jean-François-Eude juge au même tribunal sur l'appel de la sen-

tence définitive rendue au Châtelet de Paris le
8. Juin 1781. In-8. 51 p. Paris, Baudouin, 1800.

**Etcheverry (Martin)**. Les sourds-muets en France et
en Allemagne. In-8, 118 et 47 p. Paris, Boucquin,
1876.

**Etcheverry (Martin.)** Statue de l'abbé de l'Épée, œuvre de M. Félix Martin. Compte rendu de la Séance
d'inauguration. Notices biographiques. Documents
divers. In-8, 78 p. Une lithographie. Paris, Boucquin,
1879.

**Fabre d'Olivet**. Notions sur le sens de l'ouie en général, et en particulier sur la guérison de Rodolphe
Grivel sourd-muet de naissance et une série de
lettres. In-8. 75 p. Paris, Bretin, 1811.

> Consulter: Dictionnaire encyclopédique de l'Histoire de France,

**Fauchet (L'abbé)**. Oraison funèbre de Charles-Michel
de l'Épée, prêtre, avocat au Parlement, de la Société
philanthropique, inventeur de la méthode pour l'instruction des sourds et muets de naissance, et leur
premier instituteur. In-8, 51 p. Paris, J.-R. Lottin
de Saint-Germain, 1790.

**Ferment (E.)** Instructions sur les évangiles des dimanches
et des principales fêtes de l'année, suivies des prières
de la messe, à l'usage des institutions et des écoles
In-8, 232 p. Paris, L, Hachette et C$^{ie}$. 1850.

**Ferrus (D$^r$.)** De la surdi-mutité. Discours prononcé à
l'Académie Impériale de Médecine. In-8. 18 p. Paris
J-B Baillière, 1853.

**Figuier. (Louis.)** Consulter ; J. J, Valade-Gabel. L'année
scientifique et industrielle, 2$^e$ année p. 258 et 9$^e$
année p, 408.

**Forchhammer. (C.)** Le Phonoscope. In-8. 8 p.

**Forestier (Cl.)**. Petit manuel du jeune sourd-muet
pieux, à l'usage des élèves de troisième année.
In-32 284 p. Paris, Lyon, Périsse, 1847.

**Forestier (Cl.**. Petit paroissien à l'usage des élèves

sourds-muets de seconde année. In-32. 118 p.
Paris, Lyon, Périsse, 1847.

**Forestier (Cl.).** Cours complet et méthodique d'enseignement pratique des sourds-muets. In-8. 526 p. 1853.

**Forestier (Cl.),** Petit questionnaire, leçons sur l'emploi de l'interrogation dans toutes ses formes, suivies de quelques dialogues familiers, extraites de la 2e partie du cours complet et méthodique d'enseignement pratique des sourds-muets. In-8. 2 et 175 p. Paris, L. Hachette et Cie, Lyon J.-B. Pélagaud et Cie 1856.

**Forestier (Cl.).** Lettre à M. Le Ministre de l'intérieur et des cultes au sujet du rapport de M. Claveau sur l'enseignement de la parole dans les institutions de sourds-muets. In-8. 8 p. Lyon, Pitrat aîné, 5 septembre 1884.

**Forestier (Cl.)** Parallèle entre l'instruction des sourds-muets par le langage des signes et leur enseignement par l'articulation artificielle. In-8, VIII et 90 p. Lyon, Pitrat aîné. 1883.

**Fournié (Dr Ed.).** Physiologie de la voix et de la parole p. 776. Application de la physiologie de la parole à l'enseignement des sourds-muets. In-8, IV et 816 p. Paris. Adrien Delahaye, 1866.

**Fournié (Dr Ed.).** Physiologie et instruction du sourd-muet, d'après la physiologie des divers langages. In-12. XI et 228 p. Paris, Adrien Delahaye, 1868.

**Fournié (Dr Ed.).** Physiologie et instruction du sourd-muet. Extrait de la Revue Britannique, octobre 1880. In-8. 20 p.

**Fournié (Dr Ed.).** De l'instruction physiologique du sourd-muet. Communication faite au Congrès d'otologie de Milan, 1880. In-8. 52 p. Paris. Moquet, 1880.

**Fournier des Ormes.** Le Sourd-Muet de l'abbé de l'Épée. (Constitutionnel, novembre 1851.)

**Franck (Ad.)** De l'instruction des sourds-muets. Revue

Européenne, 3<sup>me</sup> année, 15 Juillet 1861 p. 257 à 291
Paris, Dentu, 1861.

**Franck (Ad.)** Rapport à son Exc. M. le Ministre de
l'Intérieur sur divers ouvrages relatifs à l'instruction des sourds-muets (au nom de la Commission
de l'Institut.) In-8, 60 p. 1861.

**Franck (Ad.)** Rapport au ministre de l'Intérieur et
des Cultes sur le Congrès international réuni à
Milan, du 6 au 12 Septembre, pour l'amélioration du
sort des sourds-muets, et sur l'état de l'instruction
des sourds-muets dans les principaux établissements
qui leur sont consacrés en Italie. Petit in-8, 32 p.
Paris, Wittersheim et Cie, 1880.

**Garnier (L'abbé).** Rapport au Conseil Général sur l'établissement des sourds-muets. In-8, 16 p. St-Brieuc,
Guyon frères, 1858.

**Garsignies (Mgr. de).** Manuel de piété à l'usage de
l'institut des sourds-muets et des jeunes aveugles
de St-Médard-lez-Soissons. In-12, 88 p. Soissons, Paris
Borrani, 1854.

**Gaussens (L'abbé).** Étude sur les principaux instituteurs des sourds-muets et leurs méthodes, Petit
In-8, 111 p. Bordeaux. L. Coderc, 1877.

**Gérando (Baron de)** V. *Degérando.*

**Goguillot (Lud).** De la période préparatoire à l'enseignement des éléments d'articulation et de lecture
sur les lèvres dans l'instruction des sourds-muets
par la méthode orale pure. Thèse pour l'agrégation. In-8, 30 p. Paris, A. Derenne, A. Ollier Henri
1883.

**Goguillot (Lud.)** La révolution et les sourds-muets. In-8,
7 p. Paris, G. Carré. 1888.

**Gosse (L'abbé).** Prières et instructions à l'usage des
sourds-muets de naissance. Leçons détachées. In-8,
29 p. Lille. Danel, 1805.

*Goux (près Dôle, Jura.)* Mémoire sur l'institution des

sourds-muets par M. Chaillet. In-8, 47 p. Dôle Prudent 1835.

**Grégoire (E.)** et **F. Gueury.** Le sourd-muet. In-8, 120 p. Verviers.

**Grégoire (E.)** Institut provincial de sourds-muets du Brabant à Berchem – Ste-Agathe. In-8, 27 p. Paris, G. Carré. 1886.

**Grosselin (A.)** Alphabet phonomimique, rendant facile à tous l'enseignement primaire des sourds-muets et formant une méthode de lecture pour les entendants. In-8, 16 p. Paris, librairie géographique, 25 rue Serpente.

**Grosselin (A.)** Cartes mimo-mnémoniques pour l'étude des langues, avec la collaboration pour les signes mimiques de M. Pélissier.

**Grosselin (A.)** Manuel de la phonomimie ou méthode d'enseignement par la voix et par le geste. In-12, VIII et 136 p, Paris, Alphonse Picard, 1881.

**Grosselin (E).** Quelques mots sur la phonomimie. In-8, 14 p. Paris, Alph. Picard, 1882,

**Grosselin (E.).** De la possibilité de l'enseignement du sourd-muet dans l'école primaire. Réponse à M. Magnat. In-8, 16 p. Paris, Alph. Picard. 1882.

**Grosselin (E.)** Un dernier mot à M. Magnat. In-8, 4 p. autographiées.

**Gueury (V.** *Grégoire et Gueury.*)

**Guilhe (H. C.)** Tableau analytique des procédés à suivre et de l'ordre à donner aux idées dans l'instruction des sourds-muets. Une feuille. Bordeaux, Racle, 1814.

**Guilhe (H. C.)** Considérations sur les moyens de rendre la méthode des sourds-muets générale et de l'approprier à tous les pays. Discours, in-8, 16 p. Bordeaux, Racle, 1818.

**Guilhe (H. C.)** Quelle direction doit être donnée à l'éducation intellectuelle et morale des sourds-muets. Discours, In-8, 10 p. Bordeaux, Brossier, 1821.

**Guilhe (H. C.)** De la raison et de l'autorité dans la formation des sciences humaines et dans l'instruction particuliére des sourds-muets. Discours, In-8, 13 p, Bordeaux, Lavigne, 1827.

**Guilhe (H-C.)**. Des diverses méthodes employées dans l'instruction des sourds-muets et de celle qu'il parait le plus convenable de suivre. Discours prononcé dans la séance publique du 30 Août 1828. In-8 14 p. Bordeaux, Lavigne.

**Guilhe (H. C.)** De la parole artificielle comme moyen d'instruire les sourds-muets. Discours. In-8, 17 p. Bordeaux, Lavigne, 1829.

**Guilhe (H.C.)**. Considérations raisonnées sur les langues. en général, sur la langue française et sur la méthode des sourds-muets. In-8, 7 p. Bordeaux, Lavigne.

> Consulter: **Valade Gabel**. Discours prononcé sur la tombe de H-C Guilhe.

**Guyot (C.) et Guyot (R-T.)**. Liste littéraire philocophe ou catalogue d'études de ce qui a été publié jusqu'à nos jours sur les sourds-muets, sur l'oreille, l'ouïe la voix, le langage. la mimique, les aveugles, etc xv 496 et 63 p. Groningue J. Oomkens 1842.

**Guyot (R-T).** *V.* Guyot(C.)

**Guyot (L.)** Enseignement des sourds-muets par la parole. Thèse de Paris, In-8, 88 p. Paris. A. Parent, 1881.

**Haerne (Ch<sup>ne</sup> de)** L'œuvre des sourds-muets et des aveugles, considérée en général et particulièrement dans les institutions dirigées par les congrégations religieuses, en Belgique. In-8, 31 p. Bruxelles, Devaux, 1886.

**Haerne (Ch<sup>ne</sup> de)**. De l'enseignement spécial des sourds-muets, considéré, dans les méthodes principales, d'après la tradition et le progrès. In-8, 323 p. Bruxelles, Victor Devaux et C<sup>ie</sup>, 1855.

**Halévy (Léon.)** L'enseignement des sourds-muets. L'abbé Sicard et Massieu son élève; L'abbé de l'Épée,

## 11

Amman et Jacob Péreire. Étude poétique et historique (avec notes). In-12, 11 p. Paris. A. Ghio, 1877.

**Hartmann (D' A.)** De l'état de l'aveugle-né, comparé à celui du sourd-muet, soit qu'on les suppose l'un et l'autre isolés et abandonnés à eux-mêmes sur une île déserte, soit qu'ils se trouvent au milieu de leurs concitoyens dans l'indigence ou dans l'aisance. In-8, 58 p, Bruxelles, de Mat, 1817.

**Hément (F.) et Magnat.** Réponses à un article de M. l'abbé Marchio, publié dans le journal *Dell'educatione dei Sordo-muti*, en mars 1881, à Sienne (Italie). In-8, 16 p. Paris, E. Rimay, 1881.

**Hément (F.)** Jacob Rodrigues Péreire, premier instituteur des sourds et muets en France. In-12, 59 p. Paris, Didier, 1877.

**Hément (F.)** Conférence sur l'enseignement des sourds-muets par la parole. (Méthode J. R. Péreire), et l'application de la méthode aux entendants parlants. 11 juillet 1878. In-8, 23 p. Paris, Imp. Nat. 1879.

**Hément (F.)** Sur la transmission des caractères et des aptitudes à propos de quelques observations faites chez les sourds-muets. In-8, 8 p. Orléans. P. Girardet, 1885.

**Hément (F.),** Rapport à M, le ministre de l'instruction publique et des beaux arts sur le congrès international tenu à Bruxelles du 13 au 20 août 1883 pour l'amélioration du sort des sourds-muets. In-8, 16 p. Paris Gauthier-Villars, 1885.

**Hément (F.)** Rapport sur le congrès national à Bordeaux en 1881, pour l'amélioration du sort des sourds-muets. In-8, 23 p. Paris, Imp. Nat. 1882.

**Hervas y Panduro.** V. A. *Valade-Gabel*, Historique de l'art d'apprendre, etc,

**Heymans (P. J,).** La doctrine chrétienne expliquée aux sourds-muets, ou exposition simple et pratique des principales vérités de la religion et des devoirs du chrétien. In-16. 5 et 95 p. Bruxelles, de Mortier, 1852.

**Hirsch.** (**D**). L'enseignement des sourds-muets d'après la méthode allemande (Méthode Amman), introduit en Belgique. Souvenir d'une visite faite aux écoles des sourds-muets, à Anvers, Bruxelles, Gand et Bruges. In-8, vi et 51 p. Rotterdam, M. Wyt et fils, 1868.

**Hirsch** (**D**). L'éducation des sourds-muets. Conseils aux parents, aux éducateurs et aux patrons. Traduit du hollandais, par M. Snyckers. In-8, 31 p. Liège, L. Grandmond-Donders, 1883.

**Hirsch** (**D**.) Le troisième congrès international pour l'amélioration du sort des sourds-muets, tenu à Bruxelles, considéré en rapport avec l'institution des sourds-muets à Rotterdam. In-8, 32 p. Rotterdam Van Meurs et Stufkens, 1884.

*Histoire Sainte* élémentaire à l'usage des élèves de l'institution nationale des sourdes-muettes de Bordeaux. Imprimée par les anciennes élèves de l'institution. In-8, 6 et 103 p. Mesnil-sur-l'Estrée (Eure), 1880.

**Hoffbauer** (**D**r. **L. C.**), Médecine légale relative aux aliénés et aux sourds-muets, ou les lois appliquées aux désordres de l'intelligence. Traduit de l'allemand par *A. M. Chambeyron.* Avec des notes par *Esquirol et Itard.* In-8, 388 p. Paris, Londres Baillière, 1827.

**Houdin** (**Aug.**) Lettre à l'Académie des Sciences. (Comptes-rendus), In-4. tome XL. p. 28. Paris, Malet. Bachelier, 1855.

**Houdin** (**Aug.**). De la surdi-mutité. Examen critique et raisonné de la discussion soulevée à l'Académie Impériale de Médecine (avril, mai et juin 1853). Précédé d'un exposé analytique du débat et suivi du rapport de la commission. In-8, 144 p. Paris. Labé, 1855.

**Houdin** (**Aug.**). La parole rendue aux sourds-muets et l'enseignement des sourds-muets par la parole. Mémoire à l'Académie Impériale de Médecine. In-8, 175 p. Paris. Asselin, 1865.

**Houdin** (**Aug.**). L'enseignement des sourds-muets en 1874. L'enseignement mimique et celui de la parole articulée. La vérité sur ces deux enseignements et sur l'état des progrès accomplis. Mémoire à M. le Ministre de l'Intérieur. In-8. 13 p. Paris, Ch. Douniol et C⁰, 1874.

**Houdin (Aug.)** Un concert vocal de sourds-muets. Réponse d'un instituteur spécial à un écrivain fantaisiste. In-8, librairie nouvelle, 1875.

**Houdin (Aug.).** Rapport sur les mémoires envoyés en réponse à la première et à la deuxième question spéciale du programme (Congrès international de Milan pour l'amélioration du sort des sourds-muets). Comité d'organisation de Paris. In-8, 15 p. Auteur, 1880.

**Houdin (Aug.).** Rapport à M. le Ministre de l'Instruction publique sur le congrès international des maîtres des sourds-muets à Milan, en 1880). In-8, 11 p. Paris. Imprimerie Nationale. 1881.

**Houdin (Aug.).** Rapport de statistique (Congrès national de Bordeaux pour l'amélioration du sort des sourds. muets, présenté en séance le jeudi 11 avril 1881. Suivi d'un tableau général des institutions françaises (mars 1882). In-8, 39 p. Bordeaux, Féret et fils, Paris librairie moderne, 1882.

**Houdin (Aug.)** Allocutions et discours prononcés aux congrès nationaux de Lyon et de Bordeaux pour l'amélioration du sort des sourds-muets et au congrès international de Milan. In-8, 16 p.

**Houdin (Aug.)** Congrès international de Bruxelles. Rapport sur les mémoires envoyés au Comité en réponse aux six questions du programme. In-8, 18 p. Bruxelles, F. Hayez, 1883.

**Hubert-Valleroux (Dʳ M. E.)** Des sourds-muets et des aveugles; de l'organisation des écoles à leur usage. Première lettre, 1853.

**Hubert-Valleroux (Dʳ. M. E.)** Des sourds-muets et de aveugles; de l'enseignement. — 2ᵉ lettre. 1853.

**Hubert-Valleroux (D<sup>r</sup>. M. E.)** Introduction à l'étude médicale et philosophique de la surdité mutité. 1853.

**Hubert-Valleroux (D<sup>r</sup>. M. E).** Des sourds-muets et des aveugles. Mémoire sur l'état actuel des institutions à leur usage et sur les réformes à y apporter. — 2<sup>e</sup> édition, 1853.

**Hubert-Valleroux (D<sup>r</sup>. M. E.)** Etudes critique sur la surdi-mutité. In-8 69 p. Paris, V. Masson, 1853.

**Hugentobler. (J.).** Collection de vignettes ou représentation graphique de 409 objets usuels, groupés d'après la facilité de prononciation et destinés aux enfants sourds-muets élevés par la méthode d'articulation 3 feuilles, Paris, Ch. Delagrave.

**Hugentobler (J.).** Quelques mots sur la méthode d'articulation dans l'enseignement des sourds-muets. In-8, 22 pages. Lyon, 1874.

**Hugentobler (J.).** Du sourd-muét de naissance et de son développement intellectuel. Petit in-8, 20 p. Neuchâtel, 1876.

**Hugentobler (J.).** Programme et plan d'études du Pensionnat des sourds-muets de Lyon. Extrait du compte rendu du Congrès universel de Paris, pour l'amélioration du sort des sourds-muets. 1878.

**Hugentobler (J.).** Cours d'articulation ou premiers exercices de lecture sur les lèvres, d'articulation, d'écriture et de lecture pour l'enseignement des sourds-muets. In-8, 79 p. Paris, Ch. Delagrave. Lyon; Ch. Palud, 1876.

**Hugentobler (J.).** L'enseignement des sourds-muets par la parole articulée à Lyon. In-8, 1<sup>o</sup> ; Lyon, H. Georg. 1879.

**Hugentobler (J.).** L'audiphone. In-8, Lyon. H. Georg, 1880.

**Hugentobler (J.).** L'enseignement du sourd-muet d'après la méthode orale. In-8, 21. p. Lyon, Association typographique, 1882.

**Hugentobler (J.)** Les livres de lecture dans les établisse-

ments de sourds-muets Congrès de Paris, 1881, petit
in-8, Genève, 1885.

**Hugentobler (J.)** Des moyens d'empêcher les communication, par signes au début de l'enseignement. In-8,
18 p, Paris, P. Ritti, 1886.

> Consulter : Pensionnat des sourds-muets pour l'en-
> seignement par la parole. Procès-verbal de la Société des
> sciences médicales de Lyon, séance du 18 Juin 1879. In-8
> 8 p, Lyon, H. Georg, 1879.

> Société d'assistance et de patronage pour les sourds-
> muets pauvres du département du Rhône, etc.

Impartial (L') Journal de l'enseignement des sourds-
muets, publié par M.M. J-B Puybonnieux et H. Volquin. 1re Année, 1856, 380 p. 2e année, 336 p. 3e année
332 p. 4e année, 389 p. Paris, J-B. Baillière 1856-1859

Inauguration du buste de l'abbé de l'Épée dans la salle
des séances publiques le 11 Mai 1840. In-8, 28 p.
Paris, Tersuolo, 1840.

Interprète (L', des sourds-muets. Journal Mensuel, par
Os. Henrion. In-8, 80 p. Chênée, Severeyns, 1872.

**Itard.** Traité des maladies de l'oreille et l'audition,
tome 1er, p. 409 et 170 à 520. De l'Éducation des sourds
muets. In-8, Paris, Méquignon-Marvis, 1821.

**Itard.** Lettres au rédacteur du *Globe* sur les sourds-muets
qui entendent et qui parlent. Troisième lettre. In-4,
7 p, Paris, Guiraudet.

**Jacoutot.** Mémoire sur la nécessité de compléter l'éducation intellectuelle des sourds-muets par l'instruction professionnelle. Strasbourg, 1846.

**Jamet (L'abbé).** Mémoire sur l'instruction des sourds-
muets. In-8, 28 p. Caen, F. Poisson, 1820.

**Jamet (L'abbé).** Second mémoire sur l'instruction des
sourds-muets ou nouveau système des signes. In-8.
75 p. Caen, Chalopin, 1822.

**Jamet (L'abbé).** Premier mémoire, etc., 2e édition. In-8.
28 p. Caen, 1824.

**Jamet** (**L'abbé**). Mémoire sur l'instruction des sourds-muets, 1<sup>er</sup> et 2<sup>e</sup> mémoire. 2<sup>e</sup> édition. In-4, 96 p. Caen, F. Poisson, 1824.

**Jamet** (**L'abbé**). Mémoire, etc., 3<sup>e</sup> édition. In-8, 96 p. Paris. Poussielgue, 1832.

**Jamet** (**L'abbé**). Communication concernant l'établissement du Bon-Sauveur de Caen (Extrait du congrès scientifique). In-8, 18 p. Caen. Pagny, 1824.

**Jamet** (**L'abbé** (neveu). Notice sur la vie de Pierre, François Jamet. In-8, 272 p. Caen. Pagny, 1846.

**Jouenne.** Consulter : *Documents officiels* 1795.

Journal de l'Instruction des Sourds-Muets et des Aveugles, par Bébian. In-12. tome I, 374 p, tome II. 108, p. Paris 1826-1827.

**Journaux spéciaux :**
   *L'abbé de l'Épée.*
   *L'ami des sourds-muets.*
   *Annales de l'éducation des sourds-muets et des aveugles.*
   *Annales de l'institut des sourds-muets de St-Médard les Soissons.*
   *Le Bienfaiteur des sourds-muets et des aveugles.*
   *Bulletin de la Société centrale d'éducation et d'assistance pour les sourds-muets en France.*
   *Bulletin de la Société J. R. Péreire.*
   *Bulletin de la Société universelle.*
   *Circulaires de l'institution de Paris.*
   *Le Conseiller Messager des sourds-muets.*
   *Le Courrier français des sourds-muets.*
   *La Défense des sourds-muets.*
   *L'Écho de la Société d'appui fraternel des sourds-muets de France.*
   *L'Impartial.*
   *L'Interprète des sourds-muets.*
   *Journal de l'Instruction des sourds-muets et des aveugles.*

*Revue Bibliographique internationale de l'éducation des sourds-muets.*

*Revue Française de l'éducation des sourds-muets.*

*Revue Internationale de l'enseignement des sourds-muets.*

*La Sincérité.*

*Le Sourd-muet et l'aveugle*

*Le Surdophone.*

Pour chacun de ces recueils, consulter l'ordre alphabétique général.

**Jubinal** (**Ach**). Le sourd-muet de l'Abbé de l'Épée. Discours lu à la séance de l'Institut le 8 avril 1866. In-8, 14 p. Saint-Germain, Toinon, 1866.

**Jullian** (**L.**) Principes de l'éducation des sourds-muets et des enfants arriérés à l'usage des instituteurs primaires et des familles, avec tableaux d'articulation et deux planches. In-8, 215 p. Paris, Ch. Delagrave, 1867.

**Jullian** (**L.**) Orthophonie, Méthode naturelle ou physiologique de lecture-écriture et d'orthographe, au moyen de laquelle on peut enseigner la lecture dans les écoles primaires, donner la parole aux sourds-muets et corriger les vices de prononciation, avec 40 figures dans le texte. 1880.

**Kilian**. Les jeunes sourds-muets au sein de leurs familles De l'éducation morale et religieuse. Br. In-18.

**Ladreit de Lacharrière** (**Dr.**) Troisième congrès national pour l'amélioration du sort des sourds-muets. Compte rendu. (*V. Congrès.*)

**Ladreit de Lacharrière** (**Dr**). *V.* Bulletin de la Société Centrale d'éducation et d'assistance, etc.

**Lafon de Ladebat**. Recueil des définitions et réponses les plus remarquables de Massieu et Clerc, sourds-muets, aux diverses questions qui leur ont été faites dans les séances publiques de M. l'abbé Sicard, à Londres, auquel on a joint l'alphabet manuel des

sourds-muets, le discours d'ouverture de M. l'abbé
Sicard, et une lettre explicative de sa méthode, avec
des notes et une traduction anglaise, par J.-H. Sivrac.
In-8, xxxi-209. Londres, Cox et Bayliot, 1815.

**Laharpe (J-F.)**. Correspondance littéraire adressée à
Mgr. le Grand-Duc, aujourd'hui Empereur de Russie,
depuis 1774 jusqu'à 1789. 2e édition, tome 3, p. 170
182. In-8. Paris, Migneret, an XII.

**Laharpe (J-F.)**. Correspondance littéraire, etc. Tome 1er
p. 109.

**Lambert (L'abbé)**. La religion et les devoirs moraux,
de la vie enseignés aux sourds-muets illettrés qui sont
hors des institutions ou méthode pratique d'enseignement des sourds-muets mise à la portée de tous
par le langage des signes. In-12, 118 p. Paris, Vraye
de Surcy, 1859.

**Lambert (L'abbé)**. Le langage de la physionomie et du
geste mis à la portée de tous, suivi d'une méthode
courte, facile et pratique d'enseignement des sourds-
muets illettrés qui sont hors des institutions spéciales,
et des élèves arriérés de ces mêmes écoles. 4e édition
refondue et aug. I. In-8, min.; 22 & 422 p. Paris,
Lecoffre 1865.

**Lambert (L'abbé)**. Catéchisme à l'usage des sourds-muets
sans instruction et des intelligences arriérées. 2e
Partie. Application pratique de la méthode. In-12
52 p. Paris, Auteur & Morizot, 1865.

**Lambert (L'abbé)**. Paroissien à l'usage des sourds-muets
peu instruits et des intelligences arriérées. In-12 ,60 p.

**Lambert (L'abbé)**. Paroissien à l'usage des sourds-muets
instruits. In-12, 110 p. 5e éd. Paris, Auteur & Morizot,
1875.

**Lambert (L'abbé)**. Méditations sur les principales vérités
de la foi, à l'usage des petits et des grands, des sourds-
muets et des parlants. In-12, 80 p. Paris, Auteur, 1875,

**Lambert (L'abbé)**. Catéchisme illustré et expliqué à l'usage
des sourds-muets, précédé d'un questionnaire sur

tous les principaux points de la religion, pour en rendre l'intelligence plus facile. 4e éd. Paris, Auteur, In-12. 118 p.

**Lambert (L'abbé).** Méthode d'instruction religieuse et semi-littéraire des sourds-muets adultes et illettrés, et en général, de toutes les intelligences arriérées, mise à la portée de tous. 5e édition, entièrement refondue et considérablement augmentée. Tome I, Instruction religieuse. In-8, 111 p. 103 p. Paris, Librairie de l'œuvre de Saint-Paul.

**Lamouroux.** Notice sur le Bon Sauveur. In-8, 32 p. Caen, 1821.

**Lamy (R. P. Bernard).** La rhétorique ou l'art de parler, 1re édition, p. 192 à 213. In-12, Paris 1701.

**Landes (J.)** De la réorganisation de l'enseignement à l'institution des sourds-muets de Paris. Discours. In-8. 13 p. Paris, Bouquin, 1869.

**Landes (J.)** Une lettre de l'impératrice Marie Théodorowna de Russie, à l'abbé Sicard, et autres documents inédits concernant le célèbre instituteur des sourds-muets. In-8, 17 p. Sarlat, Michelet, 1876.

*Langres (Institution de).* Mémoire sur l'éducation du sourd-muet et sur l'Institution des sourdes-muettes de la Haute-Marne, par Mlle Pothier. In-8, 20 p. Langres, Cl. Laurent-Bournot, 1835.

**La Rochefoucault.** (V. Documents officiels, 1792)

**La Rochelle (E.).** Le congrès de Milan pour l'amélioration du sort des sourds-muets. Rapport adressé à M. Eugène Pereire. In-8, 31 p. Paris, Saint-Jorre, 1880.

**La Rochelle (E.).** Jacob-Rodrigues Péreire, premier instituteur des sourds-muets en France, sa vie et ses travaux. In-8, 576 p. Paris, Paul Dupont, 1882.

**La Rochelle (E.).** Le Ministère de l'Intérieur et l'éducation des sourds-muets. In-8, 24 p. Paris, Saint-Jorre, 1883.

**La Rochelle (E.).** Réponse à M. Claveau à propos de son rapport au Ministre de l'Intérieur. In-8, 27 p. Paris, Saint-Jorre, 1884.

**La Rochelle (E.).** Congrès administratif français de 1885, dans l'intérêt des sourds-muets. Examen critique. In-8. 11 p. Paris, Saint-Jorre, 1886.

**Laroquette (de).** Notice sur l'institut des sourds-muets de Trondhiem, en 1838. Paris, Fain et Thunot, 1839.

**Laveau (l'abbé).** Mémoire relativement au nouveau mode d'enseignement dont le gouvernement se préoccupe pour l'instruction et l'éducation des sourds-muets. In-8, 29 p. Orléans, Chenu, 1860.

**Laveau (l'abbé).** Supplément au mémoire sur l'instruction et l'éducation des sourds-muets. In-8, 8 p. Orléans, P. Masson. 1860.

**Laveau (l'abbé).** Du rapport de M. Franck sur la méthode de l'abbé Laveau. Observations et réponses. In-8, 42 p. Orléans, Colas, 1862.

**Laurent** *de Blois* **(A.)** Exercices de grammaire élémenmentaire pour servir à l'instruction d'un jeune sourd-muet. In-8, Blois, 1825.

**Laurent** *de Blois* **(A.).** Mémoire sur l'éducation des sourds-muets, aux membres du Conseil d'administration de l'Institution royale des sourds-muets de Paris In-8, 32 p. Blois, Dézairs, 1831.

**Laurent** *de Blois* **(A.).** La parole rendue aux sourds-muets ou essai sur l'enseignement méthodique de l'articulation de la voix. In-0, 127 p. Paris, Alexandre Johanneau, 1831.

**Laurent** *de Blois* **(A.).** Des divers moyens de communication à l'usage des sourds-muets, et particulièrement de la parole. Extrait du tôme premier des Mémoires de la Société des sciences et des lettres de la ville de Blois. In-8, 30 p. Blois, Jahyer, 1833.

**Lazare (Louis).** Les sourds-muets (*La Revue Municipale*), p. 1490. Paris, 15 juin 1855.

**Le Bouvyer-Desmortiers.** Mémoire ou considérations sur les sourds-muets de naissance et sur les moyens de donner l'ouïe et la parole à ceux qui en sont susceptibles; avec une gravure, In-8, 266 p. Paris, F. Buisson, an VIII.

**Le Bouvyer-Desmortiers**. Mémoire, etc., 2° édition. In-8, 266 p. Paris, Huzard, 1829.

**Le Cat**. Traité des sensations et des passions en général tome II, p. 291 à 297, 541 à 547, sur Péreire, in-8. Vallat-la-Chapelle. Paris. 1767.

**Legouvé**. Bouilly et l'abbé de l'Épée. (*Revue des cours littéraires*), 7^me année, n° 13, 26 février 1870, p. 194 à 200. Paris, Germer-Baillière, 1870.

**Leguay**. *V. Congrès*. Rapport sur le 3° congrès international, etc.

**Lemoine (Albert)**. De la physionomie et de la parole. Le sourd-muet. Chap. 3. Paris, 1865.

**Lenoir (A.)** Faits divers, pensées diverses et quelques réponses de sourds-muets précédés d'une gravure représentant leur alphabet manuel et de notions sur la dactylologie ou le langage des doigts avec des détails intéressants sur une sourde-muette aveugle française et sur un sourd-muet aveugle écossais. In-12, 107 p. Paris, 1850.

**Leroy (F⁴.)**. Discours prononcés aux distributions des prix de l'Institution royale des sourds-muets de Bordeaux, 1839, 40 et 41, accompagnés de notes historiques. In-8, 63 p. Bordeaux, H. Faye, 1842.

**Lesur (A.)** De la surdi-mutité. Thèse de Paris. In-4, 91 p. Paris, A. Parent, 1881.

*Liège (Institution de)*. Rapports annuels.

Rapport sur les travaux de la commission administrative depuis l'année 1830, jusques inclus 1838 et sur l'état actuel de l'instruction dans l'Institut. In-8, 52 p. Liège, H. Dessain, 1839.

Notice historique, réglement, programmes et documents statistiques. Publication offerte aux bienfaiteurs de l'Etablissement et accompagnée de deux études sur le sourd-muet et l'aveugle, par M. Durup de Baleine. In-8, VI et 91 p. Liège, H. Dessain, 1859.

Annuaires depuis 1865 jusqu'à cette année. In-8.

**Lortet** (V. *Alle*).

**M.... B....** (**Frère.**) *De la Congrégation des frères de Saint-Gabriel*. — Méthode d'articulation et de lecture sur les lèvres, à l'usage des institutions de sourds-muets. Livre du maître. In-8, XVI et 103 pages, Saint-Laurent-sur-Sèvre. Procure générale des frères de Saint-Gabriel. 1885.

**M.... B....** (**Frère**). — Méthode d'articulation et de lecture sur les lèvres à l'usage..., etc. Livre de l'élève, I. Démutisation. In-8, 77 p. Saint-Laurent-sur-Sèvre. Procure générale des frères de Saint-Gabriel, 1885.

**M.... B....** (**Frère**). — Méthode d'articulation... etc. Livre de l'élève. II, clé de la lecture. In-8, II et 64 pages. Saint-Laurent-sur-Sèvre, 1885.

**Magnat** (**M.**). Cours d'articulation, Enseignement de la parole aux sourds-muets. In-12, VI et 226 p, Paris, Sandoz et Fischbacher, 1874.

**Magnat** (**M.**). Méthodes et procédés, plan d'études. Congrès international, Paris, 1878, In-8, 52 p. Genève, Taponnier et Studer, 1879.

**Magnat** (**M.**). A M. Grosselin. Réponse à sa brochure du 12 juin 1879. In-8, 13 p. Genève, Taponnier et Studer, 1879.

**Magnat** (**M.**). Les nombres décimaux et simultanément le système métrique, D'après la méthode J. R. Péreire. Cours de la quatrième année d'études. Petit in-8, III et 232 p. Genève, Taponnier et Studer, 1880.

**Magnat** (**M.**). Organisation des écoles de sourds-muets. Etudes d'un des rapporteurs du Comité d'organisation du Congrès international de Milan en 1880. Genève Taponnier et Studer, 1880.

**Magnat** (**M.**). Album de gravures. Correspondant à la citolégie. In-8, 102 p. Paris, Auteur, 1881.

**Magnat** (**M.**). Livre de lecture à l'usage des sourds-muets faisant suite à la citolégie. 3me édition, revue corrigée et augmentée. In-8, 205 p. Paris, Auteur, 1881.

Magnat (**M.**). A propos de l'enseignement simultané du sourd-muet et de l'entendant-parlant. In-8, 15 p. Paris. Auteur, 1881.

Magnat (**M.**) et Hément (**F.**). Réponses à un article de M. l'abbé Marchio, publié dans le journal : *Dell' educazione dei Sordo-muti*, en mars 1881, à Sienne (Italie). In-8. 16 p. Paris. E. Rinuy, 1881.

Magnat (**M.**) A M. Hugentobler. Réponse à sa lettre du 1er juillet 1881, publiée dans le journal : *Dell'educazione dei Sordi-muti*, (de juillet et d'août 1881,) à Sienne (Italie), in-8, 7 p. Paris. E. Rinuy. 1881.

Magnat (**M.**). Méthode autodidactique. De l'enseignement du premier âge, d'après J.-R. Péreire. Petit in-8, 73 p. Genève, Taponnier et Studer 1881.

Magnat (**M.**). De l'impossibilité de l'enseignement des sourds-muets dans l'école primaire. Réponse à M. Grosselin. In-8, 23 p. Paris, Auteur. 1882.

Magnat. (**M.**). Leçons sur les premières connaissances usuelles, d'après la méthode J.-R. Péreire, 2me édition revue et corrigée. In-8. 122 et xxviii p. Paris, Ract et Falquet, 1882.

Magnat. (**M.**). Citologie. Enseignement du premier âge 5me édition. In-8, 16 p. Paris. Ract et Falquet, 1882.

Magnat, (**M.**). Le premier livre de lecture pour faire suite à la citologie. Petit in-8, 112 p. Paris, Ract et Falquet, 1882.

Magnat. (**M.**). Historique de la fondation des congrès pour l'amélioration du sort des sourds-muets. In-8, 16 p. Paris, 1882.

Magnat (**M.**). La terre et l'eau. Notions géographiques In-8, v et 67 p. Paris. Ract et Falquet, 1883.

Maignet. (V. *Documents officiels, 1795.*)

Maleville (**Léon de**) Rapport fait au nom de la commission chargée de l'examen du projet de budget pour l'exercice 1839. Ministère de l'Intérieur. p. 81 à 91, In-4, Paris, A. Henri, 1838.

**Malgaigne.** (D<sup>r</sup>.) Discussion sur la surdi-mutité à l'Académie Impériale de Médecine. Discours. In-8, 28 p. Paris, X. Remquet et C<sup>e</sup> 1853.

Manière de servir la messe selon le rit romain, à l'usage des sourds-parlants. Petit in-8, 16 p. Currière, Imp. de l'école des sourds-muets, 1886.

**Maréchalle et Constant.** L'abbé de l'Épée, ou le muet de Toulouse. In-12, 132 p. Paris. Bréanté 1831.

**Marmottan** (P.). Les statues de Paris, p. 91. L'abbé de l'Épée. Institut des sourds-muets. Paris, H. Laurens, 1886.

**Martin** (L'abbé.) Discours prononcé à la distribution des prix le 23 Avril 1851. In-8, 8 p.

**Martin** (G.) Voir *R. P. Charles.*

**Massieu.** (J-B.) Rapport et projet de décret sur l'établissement d'une école de sourds-muets en la ville de Bordeaux. In-8, 7 p. Paris, 1793, Imprimerie Nationale.

**Massieu** (J.). Nomenclature ou Tableau général des noms, des adjectifs énonciatifs, actifs, etc., en français et en anglais avec l'alphabet gravé des sourds-muets. In-12, VIII et 404. Paris. Imprimerie de l'Institution des sourds-muets, direction d'Ange Clo. 1808.

Mémoire adressé à M. le Ministre de l'intérieur par les professeurs de l'institution royale de Paris sur la nécessité de transférer les écoles de sourds-muets au ministère de l'Instruction publique, In-8, 11 p. 1847.

**Ménard-Lagroye.** Rapport sur une pétition du citoyen Alhoy, premier instituteur en chef à l'Ecole nationale des sourds-muets de Paris : tendant à faire adopter un moyen simple et facile, pour assurer l'existence de cette école, et pour en conserver et créer d'autres également précieuses à l'humanité. In-8, 19 p. Paris, imprimerie nationale, an VIII.

**Ménière** (D<sup>r</sup> P) De la guérison de la surdi-mutité, et de l'éducation des sourds-muets. Exposé de la discussion qui a eu lieu à l'Académie Impériale de Médecine avec notes critiques, réflexions, additions et un résumé général. In-8, XXIV et 108 p. Paris. Germer-Baillière 1853.

**Ménière (D<sup>r</sup> P.)** De la guérison de la surdi-mutité de l'instruction des sourds-muets. In-8, 14 p. Paris Pankoucke 1853.

**Ménière (D<sup>r</sup> P.)** De l'expérimentation en matière de surdi-mutité. In-8, 20 p. Paris, E. Thunot et C<sup>ie</sup>, 1860.

**Ménière (D<sup>r</sup> P.)** Deuxième lettre à un médecin sur les sourds-muets qui entendent et parlent. In-8, 12 p. Paris, Mevrel.

**Mesnager.** Sourds et muets. Première et deuxième lettres à M. le docteur Berton. In-8, 32 p, Paris, J.-B, Baillére, 1836.

MESSAGER DES SOURDS-MUETS (LE). Bulletin des écoles publié sous la direction de M. l'abbé Rieffel, Salzinne-Namur.

*MÉTHODE* (considérée au point de vue pratique)
*Enseignement de la parole.*

ÉPÉE (L'ABBÉ DE L'). L'art d'enseigner à parler aux sourds-muets de naissance. (V. Institution des sourds et muets et La véritable manière, etc. (*1776, 1785*).

DESCHAMPS (L'ABBÉ). Cours élémentaire d'éducation des sourds et muets, etc. (*1779*).

— De la manière de suppléer aux oreilles par les yeux, etc. (*1780*).

SICARD (L'ABBÉ). L'art d'enseigner à parler aux sourds-muets de naissance, (*L'abbé de l'Épée*), augmenté de notes explicatives. (*1820*).

BÉBIAN. Manuel d'enseignement pratique, etc. L'art d'enseigner à parler. etc. (*1827*).

LAURENT DE BLOIS (ALPH). La parole rendue aux sourds-muets. (*1831*).

VAÏSSE (LÉON). Le mécanisme de la parole, etc. (*1838*).

— Principes de l'enseignement de la parole aux sourds de naissance, etc. (*1870*).

PUYBONNIEUX. La parole enseignée aux sourds-muets. etc, (*1843*).

PIROUX. Méthode pour l'enseignement etc. Tome I. Eléments de la parole (*1860*).

CYRILLE (F.) L'articulation. Guide, etc. d'après Hill. (*1872*).

MAGNAT. Cours d'articulation. (*1874*).

COLOMBAT (E.) Méthode rationnelle d'articulation, etc. *1875*).

HUGENTOBLER (J.) Cours d'articulation, etc. (*1876*.)

VALADE-GABEL (J. J.) et VALADE-GABEL (A.) La parole enseignée aux sourds-muets, etc. (*1878*).

PIERRE-CÉLESTIN (F.) Livre tableau contenant des exercices d'articulation, etc. (*1878*).

— Exercices d'articulation, etc. (*1878*).

— Cours d'articulation, etc. (*1881*).

DELAPLACE. Articulation française. (*1881*).

GROSSELIN (A.) Manuel de la phonomimie (*1881*).

DUPONT. La voix du sourd. (*1882*).

GOGUILLOT (L.) De la période préparatoire, etc. (*1883*).

M.. B.. (FRÈRE). Méthode d'articulation et de lecture sur les lèvres, etc. : Livre du maître, Livre de l'élève, 1; Livre de l'élève II. (*1885*).

CAMAILHAC (F.) Syllabaire à l'usage des écoles de sourds-muets. (*1889*).

Pour trouver le titre complet de chacun de ces ouvrages consulter l'ordre alphabétique général.

*Enseignement de la langue.— Livres de lecture pour les sourds-muets.*

ÉPÉE(L'ABBÉ DE L'). Institution des sourds et muets, etc. (*1776*).

— La véritable manière d'instruire les sourds et muets. (*1785*).

DESCHAMPS (L'ABBÉ). Cours élémentaire d'éducation des sourds et muets, etc. (*1779*).

— De la manière de suppléer aux oreilles par les yeux, etc. (*1780*).

SICARD (L'ABBÉ). Cours d'instruction d'un sourd-muet de naissance, etc. (1800). 2ᵉ éd. (1803).

— Théorie des signes, etc. (1808).

MASSIEU (JEAN). Nomenclature, etc. (1808).

BÉBIAN (A.) Manuel d'enseignement pratique, etc. 1827.)

— Éducation des sourds-muets, etc. (1831.)

PIROUX. Le vocabulaire des sourds-muets. (1830).

— Phrases primordiales. 1842).

SAINT-GABRIEL (CONGRÉGATION DES FRÈRES DE). Méthode d'enseignement pratique à l'usage des institutions de sourds-muets. (1853).

— Méthode de Toulouse pour l'instruction des sourds-muets. (1861—1866).

— (D. D. (F.) Nouvelle méthode d'enseignement pratique de la langue française. (1876).

VALADE-GABEL (J. J.) Le petit livre des sourds-muets, etc. (1838).

— Nouvelles étrennes de l'enfance (1857).

— Méthode à la portée des instituteurs primaires, etc. (1857)

— Guide des instituteurs primaires, etc. (1857).

— Le mot et l'image. (1863).

— Plan d'études, etc. (1879),

— Des faits à l'idée (dernière édition. 1880).

FORESTIER (CL.) Cours complet et méthodique d'enseignement pratique des sourds-muets. (1853).

— Petit questionnaire, etc. (1856.)

PÉLISSIER, L'enseignement primaire des sourds-muets mis à la portée de tout le monde, etc. (1856).

CHAMBELLAN. Petites leçons de morale, etc. (1860).

— Grammaire pratique à l'usage des élèves sourds-muets de 2ᵉ année. (1862). — 3ᵉ année, (1862).

PADERS (FRÈRE). Exercices orthographiques à l'usage des sourds-muets. (1870).

CYRILLE (FRÈRE) L'enseignement intuitif d'après Hill ou livre de lecture, etc. (1870.)

— Livre de lecture. (1872).

Théobald (J). Petites lectures et exercices de narration (*1873*). 2ᵉ éd. (*1886*).

Magnat. Citolégie.

— Album de gravures.

— Livre de lecture à l'usage des sourds-muets faisant suite à la citolégie.

— Leçons sur les premières connaissances usuelles. etc.

— Les nombres décimaux et simultanément le système métrique.

— La terre et l'eau. (*1883*.)

Institution nationale de Bordeaux.—Histoire sainte élémentaire à l'usage des élèves de l'institution nationale des sourdes-muettes de Bordeaux. (*1880*.)

— Cours gradué de langue française à l'usage des sourdes-muettes. 1ʳᵉ année, 2ᵉ semestre. (*1885*).

— 2ᵉ année. (*1885*).

Premiers éléments de la langue maternelle à l'usage des élèves de l'institut de Woluwe-Sᵗ-Lambert lez Bruxelles. (*1880*).

Pustienne (L. Petits récits d'histoire de France, à l'usage des élèves de l'institution nationale des sourdes-muettes de Bordeaux. Première partie. (*1885*). Deuxième partie, (*1886*.

Blais (L'abbé A.) Aide-mémoire ou petite encyclopédie du jeune sourd-muet. (*1886*.

Snyckers (M.) Le sourd parlant. Deuxième année d'études. (*1886*.)

— Premières leçons de choses, de lecture, d'écriture et d'orthographe. (*1888*.)

— Petit cours méthodique et intuitif de langue française, etc. Livre A, Livre B, Livre C. (*1888*.)

André et Raymond, Cours de langue française à l'usage des écoles de sourds-muets. 1ʳᵉ année, (*1887*.)—2ᵉ année, *1888*.

On trouvera le titre complet de chacun de ces ouvrages dans l'ordre alphabétique général.

**Mettenet (Th.).** Statistique générale des institutions des sourds-muets du monde civilisé. In-4, 28 p. Colmar, F. X. Sailé, 1883.

**Mettenet (Th.).** Le surdophone, etc. (V. *Surdophone*).

**Montaigne (L'abbé).** Recherches sur les connaissances intellectuelles des sourds-muets, considérées par rapport à l'administration des sa rements. In-8, 81 p. Paris, le Clere, 1820.

**Montaigne (L'abbé).** Recherches sur les connaissances intellectuelles des sourds-muets, considérées par rapport à l'administration des sacrements. Suivies d'un recueil de pièces relatives à l'état intellectuel des sourds-muets, des sourds-muets aveugles et des hommes qui ont vécu dans l'isolement. In-8 10 et 220 p. Louvain, Fonteyn. 1847.

**Moreau de Vormes.** Lettre à M. l'abbé de l'Épée. In-4, 12 p. Knapen et fils, 1779.

**Morel (E.l.).** Notice biographique sur l'abbé de l'Épée. In-8, 15 p. Paris, Renouard, 1833.

**Morel (Ed.).** La science et la charité en présence des misères humaines. Discours. In-8, 15 p. Bordeaux, Gounouilhou, 1855.

**Morel (Ed.).** Circulaires de l'institut royal des sourds-muets de Paris, etc. (V. *Circulaires*.)

**Morel (Ed.).** Annales de l'éducation des sourds-muets et des aveugles. (V. *Annales etc.*)

**Morel (Dr M.).** Traité théorique pratique des maladies mentales. Tome I<sup>er</sup>, p. 101 à 116 (Méthode de M. Piroux). In-8, Nancy. Grimblot et Veuve Raybois, Paris, Victor Masson, 1852.

**Morel (M<sup>lle</sup> O.).** Essai sur la vie et les travaux de M. J. Baron de Gérando. In-8, 99 p. Paris, Renouard, 1846.

**Mousson (H.)** V *H. d'Orelly*.

*Nancy (Institution de.* V. *Piroux*.
Comptes-rendus des distribution de prix.

**Nécadas (V.).** Étude sur Gustave Huriot, Directeur de l'institution des sourdes-muettes de Bordeaux. Petit in-8, 18 p. V. Crespy, 1885.

Notice historique de ce qui s'est passé à l'institution des
sourds-muets et à celle des aveugles-nés, les jours où
S. S. le pape Pie VII a bien voulu visiter ces deux institutions. In-8, 21 p. Paris de l'Imprimerie des sourds-
muets, sous la direction d'Adrien le Clère, 1805.

Notice historique de ce qui s'est passé, etc. In-4, 15 p.
Paris, Imprimerie des sourds-muets, 1805.

**Ordinaire (D.)**. Essai sur l'éducation et spécialement sur
celle du sourd-muet. In-8, xv et 361 p. Paris, Hachette,
1836.

**Orsoni (J. D.)**. Quelques idées sur l'enseignement actuel
des sourds-muets. Thèse pour l'agrégation. In-4, 18 p.
Paris. J. Clamaron, 1865.

**Orelli (H. d')**. L'institut des aveugles et des sourds-muets
de Zurich, depuis sa fondation jusqu'à la fin de l'année
1834. Traduit de l'allemand par **H.** Mousson. In-8,
94 p. Zurich, 1835.

**Oudart (V)**. Les instituts de sourds-muets et d'aveugles
de Belgique. In-8, 25 p. Bruxelles, F. Hayez, 1883.

**P....** Les écoles de sourds muets. La question du
transfert. In-8, 19 p. Bordeaux, R. Coussau et F.
Coustalat, 1887.

**Padern (F)**. Exercices orthographiques à l'usage des
sourds-muets 1re Partie. In-8, 95 p. 2me Partie, In-8,
171 p. Versailles, Beaujeune, 1870.

*Paris (Institution nationale de).*

Consulter : Documents officiels. — Circulaires de
l'institut de Paris.

Distributions des prix, comptes-rendus, années
1835, 1839 à 1865 — Bulletin annuel de l'institution,
1866, 1867, 1868, 1869 et 1870. — Distribution des prix,
comptes-rendus, 1872 à 1888.

**Pasquier**. Mémoire pour Joseph Caulier, sourd et muet
de naissance, accusé de viol et Félix Loire, maître-
maçon, son curateur, contre M. le Procureur général
plaignant (1786). In-4, Paris, Imp. P.-M. Delaguette.

**Paulmier**. Une fête de l'abbé Sicard. In-8, 22 p. Paris,
Graffot.

**Paulmier.** Le sourd-muet civilisé ou coup d'œil sur l'instruction des sourds muets. Seconde édition revue, corrigée et considérablement augmentée. In-12. x, 223 p. Paris, Ange Clo, 182 )

**Paulmier.** Aperçu ou plan d'éducation des sourds-muets. In-8, 1-30 p. Paris, Ange Clo, 1821.

**Paulmier.** Une séance de sourds-muets. Paris, ou le Livre des cent et un. Tome III, p. 215-271. Paris, Lad., œuf, 1831.

**Paulmier.** (V. *Bébian*, éloge de l'abbé de l'Épée)

**Paulmier.** Considération sur l'instruction des sourds-muets. In-8, xvi, 383 p. Paris, Institut royal des sourds-muets, 1844.

**Pélissier.** Les sourds-muets au xixe siècle avec un alphabet manuel. In-12, 36 p. Paris, Institut royal, 1846.

**Pélissier.** Choix de poésies d'un sourd-muet. Discours prononcé, en langage mimique, à la distribution des prix de l'Institut national des sourds-muets de Paris, le 11 août 1846. In-12, 72 p. Paris.

**Pélissier.** L'enseignement primaire des sourds-muets mis à la portée de tout le monde, avec une iconographie des signes. In-8, xv et 228 p. Paris, Paul Dupont, 1856.

**Pélissier.** Poésies d'un sourd-muet. Avec une introduction par L. de Jussieu. In-12, viii et 307 p. Paris, Gosselin 1844.

**Peltier** (J). Dernier tableau de Paris ou récit historique de la révolution du 10 août 1792. Tome II, p. 295. (Captivité de Sicard). In-8, Londres, Owen, 1793.

**Pendola (P).** Aux membres du congrès international de Milan pour l'amélioration du sort des sourds-muets. In-8, 7 p. Sienne, imprimerie des sourds-muets, 1880.

**Pérenès (L.).** Le Banquet champêtre des sourds-muets de Marseille. Discours mimique accompagné de deux lettres adressées à M.M. Floquet et F. Peyat. In-8, 16 p. Aix, J. Nicot, 1888.

**Périer (l'abbé).** Manuel de piété, ou exercices de religion pour les sourds-muets. In-12, XII, 327 p. Rodez, Ratery, 1833.

**Perrin (Th).** Essai sur le développement moral et intellectuel du sourd-muet avant qu'il ait acquis la connaissance de l'écriture. In-8, 58 p. Lyon, L. Perrin, 1837.

**Perrin (Th).** De la surdi-mutité, rapport lu à la société de médecine de Lyon, le 7 novembre 1835. In-8, 15 p. Lyon, 1853.

**Perrin (Th).** De l'écriture alphabétique dans ses rapports avec l'intelligence du sourd-muet. In-8, 8 p. 1841.

**Petijean et G. Rabet.** Nouvelle méthode pour enseigner la parole aux sourds-muets, guérir du bégaiement les personnes qui en sont affectées, et apprendre à lire rapidement aux entendants, en faisant disparaître en même temps les vices de prononciation qu'ils pourraient avoir. In-8, 64 p. Paris, Hauquelin et Bautruche.

**Peyron (Dr).** Discours prononcé sur la tombe de M. de Lanneau. In-8, 4 p. Paris, Chaix, 1881.

**Peyron (Dr) et Ad. Bélanger.** Catalogue de la bibliothèque de l'institution nationale des sourds-muets de Paris. 1re Partie. In-8, 66 p. Paris, G. Pelluard, 1883.

**Pierre-Célestin (Frère).** Livre-tableau contenant des exercices d'articulation et de lecture sur les lèvres pour l'emploi du mode simultané dans l'enseignement de la parole aux sourds-muets. In-folio, 48 p. Paris, Procure générale des frères, 1878.

**Pierre-Célestin (Frère).** Exercices d'articulation et de lecture sur les lèvres. Manuel de l'élève pour faciliter dans la famille la répétition des leçons expliquées à l'école sur le livre-tableau. In-12, 36 p. Paris, Procure générale des frères, 1878.

**Pierre-Célestin (Frère).** Cours d'articulation et de lecture sur les lèvres en rapport avec les exercices du livre-tableau pour enseigner la parole aux sourds-muets. Petit in-8, 153 p, Paris, Procure générale des frères, 1881.

**Piroux.** Mémoire à M. le Maire et à MM. les Membres du Conseil municipal de la ville de Nancy, pour les engager à fonder un Institut de sourds-muets. In-8, 15 p. Nancy, Vincent et Vidard, 1827.

**Piroux.** Le vocabulaire des sourds-muets (partie iconographique). 1re livraison contenant 500 noms appellatifs de la langue usuelle; interprétés par un pareil nombre de figures correspondantes. In-8, 50 et XVI p. Nancy, Grimblot, 1830.

**Piroux.** Compte rendu de l'état actuel de l'institut des sourds-muets de Nancy. In-8, 16 p. Nancy, établissement des sourds-muets, 1830.

**Piroux.** Théorie philosophique de l'enseignement des sourds-muets, Discours. In-8, 21 p. Nancy. Établissement des sourds-muets. Paris, Hachette, 1831.

**Piroux.** Institut des sourds-muets établi à Nancy. . Prospectus. In-8, 11 p. Nancy, 1832.

**Piroux.** Méthode de lecture, allant de la parole à l'écriture et de l'écriture à la parole. 2e éd. Paris, Poilleux et Chamerot. In-12, 88 p. Nancy, Vidart et Jullien, 1834.

**Piroux.** Organisation, situation et méthode de l'Institut des sourds-muets de Nancy. In-4, 50 p. Paris, Hachette. Nancy, Vidard et Jullien, 1834.

**Piroux.** Petit catéchisme historique de Claude Fleury, disposé pour l'usage des sourds-muets. In-16, 207 p. Paris, Hachette; Nancy, Conty, 1837.

**Piroux.** Journée du chrétien, disposé pour l'usage des sourds-muets. In-16, v et 205 p. Paris. Hachette; Nancy. Conty, 1837.

**Piroux** Maximes tirées de la Bible, et disposées pour l'usage des sourds-muets. In-16, 163 p. Paris, Hachette. Nancy, Auteur, 1841.

**Piroux** Phrases primordiales simples, complexes et composées à l'usage des sourds-muets. In-16, viii et

256 p. Paris, Hachette, Nancy, institut des sourds-muets, 1842.

**Piroux**. Congrès scientifique de France, tenu à Strasbourg. Mémoire lu à la séance du 4 Octobre 1842. In-8, 7 p. Nancy, Raybois et Cⁱᵉ 1842.

**Piroux**. Congrès scientifique de France, tenu à Nancy. Mémoire et exercices de ses élèves, mardi 10 septembre 1850. In-8, 42 p. Paris, Hachette; Nancy, Grimblot et veuve Raybois, 1850.

**Piroux**. Solution des principales questions relatives aux sourds-muets considérés en eux-mêmes et dans la société, au moyen de 25 tableaux synoptiques annotés. In-4, 25 p. Paris, Hachette; Nancy, Grimblot, veuve Raybois, 1850.

**Piroux**. Méthode complète de lecture à l'usage des enfants précoces, ordinaires ou arriérés: 5ᵐᵉ édition, In-16, 84 p. Paris, Hachette; Nancy, Grimblot et veuve Raybois, 1851.

**Piroux**. Documents divers adressés à Messieurs les Curés. In-8, 44 p. Nancy, Vagner, 1857.

**Piroux**. Dissertation sur l'éducation des sourds-muets et prospectus d'une méthode de dactylologie. In-8, 14 p. Nancy, 1859.

**Piroux**. Méthode pour le premier enseignement des sourds-muets, des sourds parlants, etc. Tome I. Eléments de la parole. In-16, 48 p. Paris Hachette et Cⁱᵉ, 1860.

**Piroux**. Mémoire sur les travaux de M. Piroux, pour faire commencer l'éducation et l'instruction des enfants sourds-muets dans les familles et dans les écoles primaires; accompagné de pièces justificatives. In-4, 84 p. Paris, Hachette, 1864.

**Piroux**. Méthode de dactylologie pour l'éducation, l'instruction et les relations des sourds-muets dans la famille, l'école primaire, l'institution et le monde. contenant les spécimens des principaux procédés du véritable enseignement des sourds-muets. In-8, 115 p. Paris, Hachette, 1867.

**Piroux**. Considérations sur les moyens d'instruire tous les sourds-muets avec beaucoup plus de succès. In-4, 8 p. Nancy, 1873.

**Piroux**. Critique 1° de la méthode de M. D. de Paris pour l'enseignement de la parole à tous les sourds-muets; 2° de la méthode de M. B. de Paris pour l'enseignement des sourds-muets dans les seules écoles primaires; 3° de la méthode de M. G. de Paris pour l'enseignement simultané des enfants sourds-muets et des enfants qui entendent et parlent, dans les salles d'asile et les écoles primaires, au moyen d'un alphabet mimé arbitrairement avec ou sans la voix. Citations concernant les méthodes de l'auteur. In-8, 32 p. Nancy, G. Crépin-Leblond, 1879.

**Piroux**. L'ami des sourds-muets. (V. *Ami des sourds-muets.*)

**Pissin-Sicard**. Prières enseignées aux Sourds-Muets de l'école de Rodez, In-16, 1re partie, 108 p. 2e partie 167 p. Rodez. Carrère 1825.

**Pissin-Sicard**. Leçons de grammaire et de morale à l'usage des sourds-muets, accompagnées de quelques mots en faveur des sourds-muets, et dans l'intérêt des enfants qui entendent et parlent. In-8, 80, XL, VIII et 61 p. Paris. G. Pissin, 1831

Lettres à l'auteur des Leçons de grammaire et de morale à l'usage des sourds-muets. 1re partie : In-8, 72 p. Paris, G. Pissin. 1835. 3e partie : In-8, 80 p. Toulon, Duplesis, Ellivault, 1837.

**Pissin-Sicard**. Nouvelle manière extrêmement facile et applicable à toutes les langues, de parler, d'écrire ou d'apprendre l'orthographe ou alphabet manuel des sourds-muets. In-8, 160 p. Paris, 1835

**Pissin-Sicard**. Association Bibliophilomatique. In-8, 26 p. Marseille, 1825.

**Pothier (M**e**)** Mémoire sur l'éducation du sourd-muet etc. (V. institution de *Longres*)

**Pozzi (D**r**)**, V. *Darwin*

**Poquet.** V. Annales de l'institut des sourds-muets de St Médard lez Soissons.

**Pradelle** (Em.). De l'enseignement des sciences physiques et naturelles au Sourd-muet. Thèse pour l'agrégation. 22 p. Paris, 1863.

Premiers éléments de la langue maternelle à l'usage des élèves de l'institut royal des sourds-muets et des aveugles à Woluwe-Saint-Lambert-lez-Bruxelles. In-12, 115 p. Gand, Imprimerie de l'institut des sourds-muets, 1880.

**Prieur** (V. *Documents officiels* 1791.

**Pustienne** (**L.**). Petits récits d'histoire de France à l'usage des élèves de l'institution nationale des sourdes-muettes de Bordeaux. 1re Partie, depuis les temps anciens jusqu'en 1461. In-8, iv et 136 p. Bordeaux, V. Crespy, 1885.

**Pustienne** (**L.**). Petits récits d'Histoire de France. 2e partie, depuis 1461 jusqu'en 1789. In-8, 112 p. Bordeaux, V. Crespy, 1886.

*Puy.* (*Institution du*). Notice sur l'institution départementale des sourds-muets, etc. (V. *Borie.*)

**Puybonnieux** (**J.-B.**). La parole enseignée aux sourds-muets sans le secours de l'oreille. In-12, 158 p. Paris. Kugelmann, 1843.

**Puybonnieux** (**J.-B.**). Discours sur l'état intellectuel et moral des sourds-muets. Paris, Lottin de Saint-Germain. 1845.

**Puybonnieux** (**J.-B.**). Mutisme et surdité ou influence de la surdité native sur les facultés physiques, intellectuelles et morales. In-8, xv et 112 p. Paris, J.-B. Baillière, 1846.

**Puybonnieux** (**J. B.**). Droits des sourds-muets à l'assistance publique. In-8, 15 et 112 p. Paris, Baillière, 1846.

**Puybonnieux** (**J.-B.**). L'Impartial. Journal de l'enseignement des sourds-muets, etc. (V. *Impartial.*)

*Québec* (*Institution de*). Rapport annuel (abbé Alf. Bélanger). In-8, 38 p. Saint-Louis du Mile-end. Imprimerie de l'institution des sourds-muets, 1882.

**Rabelais.** Pantagruel, livre III, chapitre XIX, p. 238 (Œuvres de Rabelais, Nouvelle édition, par L. Jacob. In-12, Paris, Charpentier, 1857.

**Rambosson** (J.). Langue universelle, Langage mimique, mimé et écrit. Développement philosophique et pratique. In-8, 13 p. Paris, Garnier frères, 1853.

**Rambosson** (J.). Recherches sur l'enseignement de la parole aux sourds-muets.

**Rambosson** (J.) La religion mise à la portée du sourd-muet et de toutes les intelligences. Petit in-8, 10 p. Paris, Hachette, 1854.

**Rambosson** (J.). Langue universelle. In-8, 8 p. Paris 1855.

**Rattel** (D' J. **A. A.**). Des cornets acoustiques et de leur emploi dans le traitement médical de la surdi-mutité Petit in-8, 135 p. Paris, J.-B. Baillière et fils, 1886.

**Raymond.** V. *André et Raymond*. Cours de langue française, etc.

**Recoing.** Syllabaire dactylologique ou tableau d'une langue manuelle à l'usage des sourds-muets. Petit in-4, 132 p, 16 planches. Paris, Institution royale et Verret, 1823.

Revue bibliographique internationale de l'éducation des sourds-muets et des sciences qui s'y rattachent publiée sous la direction de *Ad. Bélanger*. Première année. In-8, 104 p. Paris, P Ritti, 1885-1886.

Les années suivantes de cette publication ont paru sous le nom de **Revue Française de l'Education des sourds-muets**.

Revue Française de l'Education des Sourds-Muets. Bibliographie internationale de cet enseignement et des sciences qui s'y rattachent. Publiée sous la direction de *Ad. Bélanger*: 2me année 1886-1887, In-8, 288 p.; 3me année 1887-1888, In-8, 288 p.; 4me année, 1888-1889, 300 p.

Ce recueil est en cours de publication. La première année a paru sous le nom de **Revue Bibliographique**.

Revue Internationale de l'enseignement des sourds-
muets. 1re année, 1885-86, 324 p., 2e année, 388 p.; 3e
année, 384 p.; 4e année, 384 p. In-8, Paris, G. Carré.

**Rey-Lacroix**. Sur les sourds-muets. (*La Feuille Villa-
geoise*, 2e année, no 2, p. 40 à 48). In-8, Paris, Desenne,
1791.

**Rey-Lacroix**. La sourde-muette de la Clapière ou leçons données à ma fille. Essai élémentaire applicable
aux enfants non sourds-muets. In-8, 134 p. Béziers:
J.-J. Fuzier: Paris, veuve Panckouke, an IX.

**Richardin**. Réflexions et citations sur l'état moral des
sourds-muets sans instruction, sur celui des sourds-
muets qu'on instruit et sur les méthodes en usage à
Paris et à Nancy, suivies d'un exposé succinct de la
dactylologie ou moyen d'apprendre à converser à
l'aide de l'alphabet manuel, d'une petite histoire de
l'abbé de l'Épée et d'une notice sur l'enfance du sourd-
muet Massieu. In-8, 56 p. et 4 planches. Paris,
Hachette; Nancy, Vidard et Jullien, 1834.

**Richardin**. Sentences de morale et de religion. In-16, ii
et 314 p. Paris, Hachette, 1837-38.

**Richardin**. Dactylologie ou art de converser avec les
sourds-muets instruits au moyen de l'alphabet manuel,
suivi d'un coup d'œil général sur l'instruction des
sourds-muets, avec deux planches. In-16, 27 p. Nancy,
institut des sourds-muets, 1845.

**Riche**. Essai sur la vie et sur les ouvrages de M. l'abbé
de l'Épée. Extr. Rapports généraux de la Société
philomatique de Paris. Tome Ier p. 39-70. In-8, Paris,
Ballard, 1792.

**Rieffel** (L'abbé). De l'éducation des sourds-muets. Discours. In-8, 24 p. Chambéry, A Pouchet et Cie, 1867.

**Rieffel** (L'abbé). Pensez-y bien! Aux jeunes sourds-
muets, souvenir d'un ami. In-8, 46 p. Chambéry,
Puthod, 1871.

**Rieffel** (L'abbé). Méthodes d'enseignement française et
allemande. Discours. In-8, 14 p. F. Puthod et Cie
1871.

**Rieffel** (L'abbé). Discours sur la nécessité des publications à l'usage des sourds-muets. In-8, 12 p. Chambéry, Chatelain, 1875.

**Rieffel** (L'abbé). Petit catéchisme à l'usage des sourds-muets. 2ᵉ éd. In-8, 12 p. Chambéry, Puthod, 1875. 3ᵉ éd. In-12, 21 p. Namur, Doux fils, 1882.

**Rieffel** (L'abbé). L'eucharistie. 2ᵉ éd. In-16, 47 p. Aix-les-Bains, Gérente, 1877.

**Rieffel** (L'abbé). Catéchisme à l'usage des sourds-muets. 2ᵉ éd. In-12, 60 p. Questionnaire. In-12, 16 p. Grenoble, Baratier et Dardelet, 1879.

**Rieffel** (L'abbé). Sur l'excellence de l'œuvre de l'éducation. Discours prononcé à Saint Laurent-du Pont en 1879. In-8, 8 p. Grenoble, Baratier et Dardelet.

**Rieffel** (L'abbé). La confession à l'usage des sourds-muets. In-12, 12 p. Namur, Doux fils, 1882.

**Rieffel** (L'abbé). La messe, à l'usage des sourds-muets. In-12, 15 p. Namur, Doux fils, 1882.

**Rivière** (**P**.). Manuel de jardinage et d'agriculture à l'usage des institutions de sourds-muets et des écoles primaires, précédé d'une préface par *M. Dupont.* In-8, xv et 214 p, Paris, G. Carré, 1888.

**Robillard** (**J. L.**) Lettre à M. de Saussure touchant les moyens à employer pour faire parler les sourds et muets. In-8, Genève, 1779.

**Rodenbach** (A.), Coup d'œil d'un aveugle sur les sourds-muets. In-8, 220 p. 6 tableaux, une planche. Bruxelles, Louis Hauman, et Cⁱᵉ, 1829.

**Rodenbach** (A.). Les aveugles et les sourds-muets. Histoire. — Instruction. — Éducation. — Biographie. Ouvrage orné d'un alphabet manuel des sourds-muets et de deux fac-simile de l'écriture de Massieu et de l'auteur. In-8, 256 p. Bruxelles, J. A. Slingeneyer, aîné, 1853.

**Rodenbach** (A.). Les aveugles et les sourds-muets, etc. 2ᵉ édition, ornée du portrait de l'auteur. In-12, 288 p. Tournai, J. Casterman et fils, 1855.

*Rodez (Institution de)*. Distribution des prix, 1862.

**Romule (Frère)**. Notice sur l'institution de St-Claude-lez-Besançon, In-8, 4 p.

**Rousseau (H.)**. Rapport sur le Congrès de Bruxelles. (*V. Congrès.*)

**Rousset (L'abbé)**. Abrégé de la doctrine chrétienne à l'usage des sourds-muets de Bordeaux. In-16, 49 p. Bordeaux, Lafargue, 1891.

**Saintard (Dr)**. Nouvelle méthode de langage par signes à l'usage des sourds-muets et de toute autre personne. In-12, 24 p. et 91 tableaux. Auteur, Herbeuville, 1863.

*Saint-Brieuc (Institution de)*. *V. L'abbé Garnier*. Rapport, etc.

*Saint-Étienne. (Institution de)*, *V. Ch. de Beaumasset*. Notice, etc.

Discours prononcé par le frère directeur à l'occasion de la distribution des prix. In-8, 7 p. Saint-Etienne, Théolier et Cie, 1884.

**Saint-Gabriel.** (*Congrégation des frères de*) V. F. Bernard — F.D.D. — frère M.. B .

Méthode de Toulouse pour l'instruction des sourds-muets. Editée et adoptée par les congrégations des frères de St-Gabriel et des filles de la Sagesse.

Premiers éléments de la langue. 1re année, livre du professeur. In-8, IV et 436 p.

Enseignement pratique de la langue. Tome 1er, 2me année, livre du professeur. In-8, 1 et 300 p.

Enseignement pratique de la langue. Tome IIme, 2me année. livre du professeur. In-8, 352 p.

Petites scènes de la vie écolière. 2me année, livre du professeur. In-8, XV et 287 p.

Petit catéchisme. 1re année, In-8, IV et 84 p.

Catéchisme. Texte continu. 2me année, livre du professeur. In-8, 1 et 91 p.

Catéchisme avec synonimies. 2e année. Livre du professeur. In-8, XV et 388 p.

Questionnaire correspondant : 1° au catéchisme (texte continu) à l'usage des sourds-muets; 2° au catéchisme avec synoninimies, 2<sup>me</sup> année. Livre du professeur. In-8, 1 et 108 p.

Leçons sur la géographie. Première année. In-8, VIII et 98 p.

Abrégé de l'Histoire Sainte. In-8, XI et 231 p.

Tableaux catéchistiques. Exercices phraséologiques sur quelques passages du catéchisme. 2<sup>me</sup> année. In-8, VIII et 287 p.

Leçons sur l'histoire naturelle des animaux. 1<sup>re</sup> année. In-8, III et 139 p.

Poitiers. H. Oudin, 1864, 1865, 1866.

Méthode d'enseignement pratique à l'usage des institutions de sourds-muets. Tome I, Partie du maître, X et 145 p. Tome II. Partie de l'élève, 192 p. Lille, institution des sourds-muets, 1853.

*Saint-Hippolyte-du-Fort (Institution de)*. Rapports annuels.

*Saint-Médard les Soissons. (Institution de)*. Rapports annuels. V. l'abbé Poquet. Annales de l'institution de St-Médard.

**Saint-Sernin.** Exercice public sur l'instruction des sourds et muets, dédié à MM. les Maire et Officiers municipaux de la ville de Bordeaux. In-4, 15 p. Bordeaux, A. Levieux, 1790.

**Saint-Sernin.** Second exercice public que soutiendront les sourds-muets de naissance de l'école de Bordeaux, le 29 décembre 1791. In-4, 14 p. Bordeaux, A. Levieux.

**Saint-Sernin** et **P. Vivé.** Les Instituteurs de l'Ecole nationale des sourds-muets de Bordeaux au Comité des secours publics de la Convention nationale (24 nivôse, an II). In-4, 14 p. Bordeaux, A. Levieux.

V. **J.-J. Valade-Gabel.** Notice sur la vie et les travaux de Jean Saint-Sernin.

**Sauveur (D<sup>r</sup> D.).** Statistique des sourds-muets et des aveugles de la Belgique, du duché de Limbourg et du grand-duché de Luxembourg, d'après un recensement opéré en 1835. (Extrait du tome III du Bulletin de la Commission centrale de statistique.) In-4, 70 p. Bruxelles, Hayez, 1847.

**Schmalz (Ed.).** Instruction précise et claire pour reconnaître, dès les premières années de la vie qu'un enfant est sourd-muet et pour prévenir, autant que possible, le surdi-mutisme, ainsi que pour élever convenablement ces enfants dans la maison paternelle. In-12, 18 p. Paris, A. Franck; Dresde et Leipsick, Arnold. 1817.

**Schmalz ( Ed. ).** Traité sur l'art de saisir par la vue les mots parlés, comme moyen de suppléer autant que possible, à l'ouïe des personnes sourdes ou dures d'oreille. A l'usage des parents, des médecins, des instituteurs et des personnes dont l'ouïe est défectueuse. In-8, 70 p. Leipsick, Hinrichs; Paris, Brockhaus & Avenarius, 1844.

**Séguin (Ed.).** Traitement moral, hygiène et éducation des idiots et des autres enfants arriérés, p. 325 à 331. In-12, Paris, J.-B. Baillière, 1846.

**Séguin (Ed.).** Jacob-Rodrigues Péreire. Notice sur sa vie et ses travaux et analyse raisonnée de sa méthode. Précédée de l'éloge de cette méthode, par Buffon. In-12, Paris, J.-B. Baillière, 1847.

**Selligsberger (Bernard).** Quelques mots sur les sourds-muets. In-8, 56 p. Strasbourg, Schmidt et Grucher, 1842.

**Sicard (l'abbé.)** Exercices que soutiendront les sourds et muets de naissance, le 12 et 15 septembre 1789, dans la salle du Musée de Bordeaux, dirigés par M. l'abbé Sicard, Instituteur royal, sous les auspices de M. Champion de Cicé, etc. In-4, 18 p. Bordeaux, Racle. 1789.

**Sicard (l'abbé).** Mémoire sur l'art d'instruire les sourds et muets, de naissance, extrait du Recueil du Musée. In-8, 38 p. Bordeaux, Michel Racle. 1789. suivi de : Conditions de la pension des sourds et muets de l'Ecole de Bordeaux. In-8, 4 p.

**Sicard** (**L'abbé**). Second mémoire sur l'art d'instruire les sourds et muets de naissance. In-8, 25 p. Paris. Knapen.

**Sicard** (**L'abbé**). Catéchisme ou instruction chrétienne à l'usage des sourds-muets. Imprimé par les sourds-muets. In-8, viii, 45 p. Paris, Institution nationale des sourds-muets, près l'Arsenal, 1792.

**Sicard** (**L'abbé**). Élémens de grammaire générale appliqués à la langue française. In-8, Tome ii. p. 161 (sourds-muets). Paris, Bourlotton, an vii.

**Sicard** (**L'abbé**). Cours d'instruction d'un sourd-muet de naissance, pour servir à l'éducation des sourds-muets et qui peut être utile à celle de ceux qui entendent et qui parlent. Avec figures et tableaux. In-8, x. et 581 p. Paris, Le Clére, an viii.

**Sicard** (**L'abbé**). Cours d'instruction, etc. Seconde éd. In-8, lvi et 188 p. Paris, Le Clére et Londres, ch Prosper et Cie. an xi.

**Sicard** (**L'abbé**). Art de la parole. Voir séances des écoles normales recueillies par des sténographes et revues par les professeurs. Nouvelle édition. In-8, Paris, Imprimerie du Cercle Social. 1800 et 1801.

**Sicard** (**L'abbé**). Fragmens d'exhortations prononcées le 8 Mai 1801, dans l'Eglise Saint-Roch, aux différentes stations de la Croix. In-8, 16 p.

**Sicard** (**L'abbé**). Journée chrétienne du sourd-muet. In-16, iv. 161 p. Paris, Imprimerie des sourds-muets sous la direction d'Adrien le Clére, 1805.

**Sicard** (**L'abbé**). Théorie des signes ou introduction à l'étude des langues, où le sens des mots, au lieu d'être défini, est mis en action. Ouvrage élémentaire, absolument neuf, indispensable pour l'enseignement des sourds-muets, également utile aux élèves de toutes les classes et aux Instituteurs; jugé digne d'un grand prix décennal de première classe, destiné au meilleur ouvrage de morale et d'éducation. In-8, tome i. lx, 586 p.; tome ii, 656 p. Paris. Dentu et Delalain. 1808.

**Sicard (L'abbé).** Signes des mots considérés sous le rapport de la syntaxe à l'usage des sourds-muets. In-8. 61 p. Paris. Imprimerie des sourds-muets, sous la direction d'Ange Clo. 1808.

**Sicard (L'abbé).** L'art d'enseigner à parler aux sourds et muets de naissance, par M. l'abbé de l'Epée, augmenté de notes explicatives et d'un avant-propos, précédé de l'éloge historique de M. l'abbé de l'Epée, par Bébian. In-8. x, 2 et 115 p. Paris. J. G. Dentu. 1820.

> Consulter : F. BERTHIER. L'abbé Sicard, etc. — BIZOT DE PRÉAMENEU. Funérailles de l'abbé Sicard. — BOUILLY. Rentrée du C^e Sicard, etc. Institut de Bordeaux.

**SINCÉRITÉ (LA).** Journal mensuel et indépendant des sourds-muets. (*L. Rémond*. 1^{re} année, N^{os} 1 et 2 Avril et Mai. 1887. In-8. 8 p.

**Situation** du sourd-muet avant et après son éducation et son instruction par la méthode orale pure. Décembre 1887. In-8. 6 p.

**Sluys (A.).** Rapport de la commission administrative de *Berchem-Sainte-Agathe*. In-8. 40 p. Bruxelles. Guyot, 1885.

**Smith (S. A.).** Réflexions sur les moyens d'enseigner aux sourds-muets l'art d'émettre des sons phonétiques. In-8. 15 p. Londres. Hippolyte Baillière. 1869.

**Snyckers (M.).** L'enseignement des travaux manuels dans les institutions de sourds-muets. In-8. 10 p. Paris. G. Carré. 1885.

**Snyckers (M.).** Des sourds-muets et des aveugles. Conférence donnée le 22 Novembre 1885. In-8. 20 p. Verviers, Massin. 1886.

**Snyckers (M.).** Le sourd-parlant, cours méthodique et intuitif de langue française à l'usage des établissements de sourds-muets. In-8. 112 p. Paris. G. Carré. 1886.

**Snyckers (M.).** Le sourd-muet, etc. 2^e année d'études. Livre du maître. In-8. 180 p. Paris, G. Carré. 1886.

**Snyckers (M.).** Premiers éléments de calcul intuitif oral, mental et chiffré. Nombres de un à cent. A l'usage des

deux premières années d'études des écoles de sourds-
muets. Guide du maître. in-8, 18 p. Paris, G. Carré, 1888.

**Snyckers (M.)**. Premières leçons de choses, de lecture,
d'écriture et d'orthographe. Illustré de 280 gravures
coloriées. In-8, 90 p. Liège, Bénard, Paris, G. Carré,
1888.

**Snyckers (M.)**. Petit cours méthodique et intuitif de
langue française. À l'usage des écoles de sourds-
muets et des élèves du degré inférieur des écoles
primaires. Livre de lecture A mis en rapport avec le
guide du maître : le sourd parlant 2ᵉ année d'études;
petit in-8, 68 p. Livre de lecture B, 3ᵉ année d'études;
petit in-8, 59 p. Livre de lecture C, 4ᵉ année d'études
petit in-8, 72 p. Liège, A. Bénard, Paris, G. Carré, 1888.

V. Dʳ Hirsch. L'éducation des sourds-muets, etc.

Société centrale d'éducation et d'assistance pour les
sourds-muets en France. (Fondée en 1850.)

V. Bulletin de la Société centrale. — *Allibert*,
résumé des travaux de la Société.

Compte rendu de la situation de l'œuvre pour
l'année 1886. In-8, 8 p.

Société d'appui fraternel des sourds-muets de France.
Fondée en 1883. Statuts. Comptes rendus financiers.

Société d'assistance et de patronage pour les sourds-
muets du département du Rhône et des départements
voisins.

Statuts et comptes rendus annuels depuis l'année
1883-84 jusqu'à 1887-1888.

Société nationale pour l'étude des questions intéressant
les sourds-muets. Statuts 1884.

Société pour l'instruction et la protection des sourds-
muets par l'enseignement simultané des sourds-muets
et des entendants parlants. Fondée en 1866, par Aug.
Grosselin.

Comptes rendus annuels des travaux de la Société.

Société universelle des sourds-muets. Fondée en 1838, et
réorganisée en 1867.

V. Association amicale des sourds-muets.

BANQUETS des sourds-muets réunis pour fêter les anniversaires de la naissance de l'abbé de l'Épée: relation publiée par la société centrale des sourds-muets de Paris. Tome 1. In-8. 287 p. Paris. Jacques Ledoyen. 1842.

BANQUETS des sourds-muets, etc. Tome second de 1849 à 1863. In- , 205 p. Paris. L. Hachette et Cie.

Résumé des travaux de la Société et Compte rendu annuel des banquets.

**Solar.** (*Procès*). Mémoire à consulter pour le sieur Bonvalet, avocat au Parlement, tuteur du jeune comte de Solar, sourd et muet, trouvé sur le chemin de Péronne le 1er août 1773. In-4, VIII p.

Lettre de M. l'abbé de l'Épée à M. Élie de Beaumont, suivie de la consultation sur le mémoire à consulter et la lettre de M. l'abbé de l'Épée. In-4, 97 p, Paris, Benoît Morin. 1779.

Mémoire à consulter., etc., seconde édition augmentée. In-4, 106 p. Paris. Benoît Morin, 1779.

Additions et corrections à la première édition du mémoire pour le jeune Solar. 2 p.

Plaidoyers de M. Tronson du Coudray. In-4, 87 p. Paris. Jorry. 1779.

Consultation pour le sieur Cazeaux. In-4, 4 p. Knapen, 1779.

Lettres-Patentes du roi à l'effet de la continuation de la procédure (4 juillet 1779). In-4, 1 p. Toulouse. Pijon.

Causes Célèbres. Tome LV, 146e cause. Enfant sourd et muet abandonné, et ensuite présenté pour le véritable fils du comte de Solar, que l'on soutient, d'un autre côté, être décédé. In-12, 210 p. P. G. Simon, 1779.

Vue générale de l'affaire du soi-disant comte de Solar et discussion de l'information faite en Languedoc, suivies d'une lettre de M. Prunget des Boissières avec consultations d'anciens avocats au Parlement. In-4, 2 et 136 p. Paris. Demonville, 1780.

Consulter: ELIE DE BEAUMONT: Mémoire et réponse à M. l'abbé de l'Épée, etc.

MOREAU DE VORMES. Lettre à M. l'abbé de l'Épée.

J. F. ERBE. Rapport du procès Solar.

J. F. LAHARPE. Correspondance littéraire, etc.

FOURNIER DES ORMES. Le sourd muet de l'abbé de l'Épée

JUBINAL (Ach.) Le sourd-muet de l'abbé de l'Épée.

J. N. BOUILLY. L'abbé de l'Épée.

MARÉCHALLE ET CONSTANT. L'abbé de l'Épée ou le muet de Toulouse.

SOURD-MUET ET L'AVEUGLE (LE). Journal mensuel. Par l'abbé C. Carton. Tome I, II et III. In-8, 291, 254, 96 p. Bruges, Vandecasteele-Werbrouck, 1837-1841.

SURDOPHONE (LE). Organe international et polyglotte des instituts de sourds-muets, d'idiots et d'aveugles. 1re année, 1886-1887. In-8, 352 p. 2e année, 1887-1888, 3e année, 1888. N° 1. Avril , 32 p.

**Tarra (L'abbé J.).** Des critérium d'admission à l'institution des sourds-muets pauvres de la campagne, à Milan. Discours. Traduit par MM. Dubranle et Dupont, In-8, 15 p. Milan. Imprimerie Saint-Joseph, 1881.

**Tarra (L'abbé J.).** *Cenni Storici.* Esquisse historique et court exposé de la méthode suivie pour l'instruction des sourds-muets de la paroisse et du diocèse de Milan. Traduction française de MM. A. Dubranle et Dupont. In-8, 138 p. Paris, Delagrave, 1882.

**Tessiéres (Ph. de).** De l'utilité pour le sourd-muet de l'enseignement par l'écriture et la parole et de l'emploi du langage mimique dans son éducation. Thèse pour l'agrégation. 11 p. Paris, Clamaron, 1861.

**Théobald (J.).** De l'enseignement de l'Histoire Sainte aux sourds-muets et de ses rapports avec l'enseignement de la langue française (Lettre à un ami). In-8, 24 p. Chambéry, F. Puthod, 1870.

**Théobald (J.).** Projet d'une colonie agricole de sourds-muets. In-8, 31 p. Chambéry, F. Puthod, 1870.

**Théobald (J.).** Le sourd-muet et l'aveugle. Discours. In-8, 13 p. Chambéry, F. Puthod, 1871.

**Théobald (J.).** La méthode intuitive appliquée à l'ensei-

gnement de la langue écrite aux sourds-muets. In-8,
11 p. Chambéry, F. Puthod, 1873.

**Théobald (J.).** Petites lectures et exercices de narration.
In-12, viii et 112 p. 1re édition. Paris, Ch. Fouraut et
fils, 1873

**Théobald (J.).** Petites lectures, etc. 2me édition revue et
augmentée. In-12, 160 p. Paris Ch. Fouraut et fils.
1880).

**Théobald (J.).** De l'enseignement des sourds-muets par
la parole. Mémoire présenté à l'Académie Nationale
de Savoie. In-8, 22 p. Paris, Auteur, 1874.

**Théobald (J.).** Le sourd-muet, sans instruction, arrive-
t-il de lui-même à concevoir l'idée d'un être supérieur
à l'homme? Thèse pour l'agrégation présentée et
soutenue le 16 novembre 1874. In-8, 16 p. Paris. Boucquin, 1874.

**Théobald (J.).** L'enseignement agricole des sourds-muets,
Lettre à un ami. In-8, 15 p. Paris, Boucquin, 1875.

**Théobald (J.).** Péreire et sa méthode. Discours. In-8, 14 p.
Paris. Boucquin. 1875.

**Théobald (J.).** De l'enseignement du droit usuel aux
sourds-muets. Rapport présenté à la conférence des
professeurs de l'institution nationale des sourds-
muets de Paris. (Ext. de la *Revue Française*, etc.)
In-8, 19 p. Paris. P. Ritti. 1886.

**Thiers (Ad.).** Circulaire aux préfets sur les sourds-muets
Petit in-4, 6 p. Paris, 1831.

*Toulouse (Institution de).* Distribution des prix, années
1831, 1834,

**Triquet (E. H.).** Théorie pratique des maladies de l'o-
reille, p. 503. Traitement pédagogique ou éducation
des sourds-muets. In-8, Paris, J.-B. Baillière, 1857.

**Tronson du Coudray.** (*V. Procès Solar*).

*Trondhiem (Institution de).* Notice sur l'Institut des
sourds-muets, en 1838, par M. de Laroquette, consul
de France en Norwège, Paris, Fain et Thunot, 1839.

**Vaïsse (Léon).** Le mécanisme de la parole mis à la portée
des sourds-muets de naissance, 8 p, Paris, 1838.

**Vaïsse (Léon).** Le premier livre des sourds-muets. Description et histoire de l'institution royale de Paris. 11 p. Lithographie, 1838,

**Vaïsse (Léon).** Essai historique sur la condition sociale et l'éducation des sourds-muets en France. Extrait du dictionnaire encyclopédique de l'Histoire de France. In-8, 8 p. Firmin-Didot, 1811.

**Vaïsse (Léon).** Dictionnaire encyclopédique de l'Histoire de France. (Laurent Clerc, de Gérando, Itard, l'abbé de l'Épée, Jean Massieu, Fabre d'Olivet, l'abbé Sicard, sourds-muets). Paris, Firmin-Didot.

**Vaïsse (Léon).** Les sourds-muets et leur éducation. Extrait de l'encyclopédie moderne, tome XXV. In-8, 8 p. Paris, Firmin-Didot frères, 1845.

**Vaïsse (Léon).** Des conditions dans lesquelles s'entreprend et des moyens par lesquels s'accomplit l'instruction des sourds de naissance. Discours, In-8, 36 p. Paris, L. Hachette et C°, 1848.

**Vaïsse (Léon).** De la parole considérée au double point de vue de la physiologie et de la grammaire; nouvelles études sur les divers ordres de phénomènes dont se compose le langage de la voix articulée. Extrait de l'encyclopédie moderne. In-8, p. 116 à 186. Paris, Firmin-Didot, 1853.

**Vaïsse (Léon).** De la pantomime comme langage naturel et comme moyen d'instruction du sourd-muet. Discours. In-8, 24 p. Paris, Hachette et C°, 1854.

**Vaïsse (Léon).** Paroles prononcées sur la tombe de M. le Dr Ménière, médecin en chef de l'Institution Impériale des sourds-muets, le 8 février 1862. In-8, 8 p. Atelier lith. de l'Institution Impériale des sourds-muets, 1862.

**Vaïsse (Léon).** Historique et principes de l'art d'instruire les sourds-muets. In-8, 13 p. Paris, Hachette. 1865.

**Vaïsse (Leon).** Principes de l'enseignement de la parole aux sourds de naissance. Avec une planche. In-8, 22 p. Paris, Hachette, 1870.

**Vaïsse (Léon).** Simples réflexions sur quelques questions de détail dans la pratique de l'éducation des enfants atteints de surdi-mutité. Lettre du directeur honoraire de l'Institution Nationale des sourds-muets à ses anciens collaborateurs et confrères. In 8, 21 p Paris, L. Hachette et Cie, 1872.

**Vaïsse (Léon).** Un document retrouvé et quelques faits rétablis concernant l'éducation des sourds-muets en France, avec un aperçu de l'état actuel de cette branche spéciale de l'instruction publique et l'expression d'un vœu à réaliser dans son intérêt. In-8, 15 p. Rodez. Ratery, 1876.

**Vaïsse (Léon).** L'éducation des sourds-muets dans les institutions départementales. Ex. Congrès scientifique de France. xi. Session à Rodez. Mémoire, cinquième section. In-8, 8 p. Rodez, Vve E. Carrière.

**Vaïsse (Léon).** Un premier résultat du congrès international de Milan. Petit in-8, 4 p. Conseiller-Messager des sourds-muets. Bulletin des écoles janvier 1881.

**Vaïsse (Léon.)** La méthode italienne. Petit in-8, 28 p. Bulletin des écoles, juin à octobre, 1881.

**Valade-Gabel (J.-J.).** Rapport sur un plan de nomenclature générale appropriée à l'enseignement des sourds-muets. In-8, 23 p. Paris, Plassant et Cie, 1831.

**Valade-Gabel (J.-J.).** Lettre au rédacteur du *Sourd-Muet et de l'Aveugle*, à Bruges. In-8, 7 p. 1837.

**Valade-Gabel (J.-J.).** Le petit livre des sourds-muets. Lectures à la portée des commençants. In-32, 12 p. Paris, imprimé par les élèves de l'institution. Mars, 1838.

**Valade-Gabel (J.-J.).** Rapport sur un projet de vocabulaire illustré. Mémoire autographié, 12 p. 1838. Spécimen de vocabulaire illustré, 8 p. (autographié),

**Valade-Gabel (J.-J.).** Premier mémoire sur cette question: Quel rôle l'articulation et la lecture sur les lèvres doivent-elles jouer dans l'enseignement des sourds-muets. In-8, 36 p, Bordeaux, H. Gazay, 1839.

**Valade-Gabel** (J-J.). Sur le langage naturel dont les sourds-muets font usage. In-8, 8 p. Bordeaux, H. Gazay.

**Valade-Gabel** (J-J.). Discours prononcé à l'occasion de la distribution des prix, in-8, 4 p. août 1839, Bordeaux, Balarac, 1839.

**Valade-Gabel** (J-J.) Discours prononcé sur la tombe de H.-C. Guilho, le 24 avril 1842. In-8, 4 p. Bordeaux, Lavigne. 1844.

**Valade-Gabel** (J-J). Notice sur la vie et les travaux de Jean Saint-Sernin, premier instituteur en chef de l'institution royale des sourds-muets de Bordeaux. In-8, 20 p. avec portrait. Bordeaux, Lavigne, 1844.

**Valade-Gabel** (J-J.). De l'insuffisance du temps accordé aux sourds-muets pour leur instruction et des moyens d'y remédier. Discours. In 8, 8 p. Bordeaux. Durand. 1845.

**Valade-Gabel** (J-J.). De la conduite à tenir avec les sourds muets après leur sortie de l'école. Conseils à leurs familles. Discours. In-8, 12 p. Bordeaux, Durand. 1846.

**Valade-Gabel** (J-J.). Péreire et de l'Épée. Discours. In-8, 11 p. Bordeaux, Durand, 1848.

**Valade-Gabel** (J-J.). De la situation des écoles de sourds-muets. In-8, 15 p. 1851.

**Valade-Gabel** J-J.). A Monsieur le président et à Messieurs les membres de l'Académie Impériale de médecine. In-8, 4 p. Paris, Thunot et Cie 1853. 2me lettre à l'Académie Impériale de Médecine. In-8, 4 p. Paris, E. Thunot et Cie.

**Valade-Gabel** (J-J.). Nouvelles étrennes de l'enfance. Petites lectures illustrées. In-12, xiii et 159 p. Paris, Roret. 1853.

**Valade-Gabel** (J-J.). Méthode à la portée des instituteurs primaires pour enseigner aux sourds-muets la langue française sans l'intermédiaire du langage des signes. In-8, LXXVI et 400 p. Paris. Dezobry et Magdeleine. Roret, 1857.

**Valade-Gabel** (**J-J**.). L'enfant ne saurait-il apprendre à parler sans l'intervention des signes? Réponse à un examen critique du rapport de M. Franck, membre de l'Institut, sur la méthode intuitive pour enseigner la langue française aux sourds-muets. In-8, 16 p. Paris, Crété 1862.

**Valade-Gabel** (**J-J**.). Des signes méthodiques et des signes dits réguliers. Réponse aux observations publiées au sujet du rapport de M. Franck, membre de l'Institut, sur les méthodes d'enseignement en usage pour instruire les sourds-muets. In-8, 15 p. Paris, Juin 1862.

**Valade-Gabel J-J**.. Guide des instituteurs primaires pour commencer l'éducation des sourds-muets. In-8, 101 p. Paris, Tandou et Cie. 1863.

**Valade-Gabel** (**J-J**.). Le mot et l'image. Premier livre des sourds-muets. Partie du maitre. In-8, 26 et 84 p. Partie de l'élève. In-8, 101 p. Paris, F. Tandou et Cie 1863.

**Valade-Gabel** (**J-J**.). De la situation des écoles de sourds-muets non subventionnées par l'État (1868) In-8, 71 p. Bordeaux, C. Gounouilhou, 1875.

**Valade-Gabel** (**J-J**.). La parole enseignée au sourd-muet. Cours de phonomimie. Recueilli et publié par A. Valade-Gabel. In-12, 84 p. Paris, Ch. Delagrave, 1878.

**Valade-Gabel** (**J-J**.. et **A** Valade-Gabel. Plan d'études. Programme de l'enseignement pour les écoles de sourds-muets non subventionnées par l'État. In-12, 101 p. Paris, Ch. Delagrave. 1876.

**Valade-Gabel** (**J-J**.). Des faits à l'idée. 6ᵐᵉ édition. In-12, VIII et 152 p. Paris Ch. Delagrave, 1880.

**Valade-Gabel** (**J-J**.). F. Ad Bélanger. Etude Bibliographique. etc.

Consulter : **P. Valat**. Notice biographique sur J.-J Valade-Gabel.

**Valade-Gabel** (**A**.). De l'importance de la lecture pour

l'instruction des sourds-muets. Discours. In-8, 12 p.
Paris, Bouequin. 1863.

**Valade-Gabel** (**A**.). Historique de l'art d'apprendre aux
sourds-muets la langue écrite et la langue parlée, par
Hervas y Panduro. Traduit de l'espagnol et annoté
par A. Valade-Gabel. In-8, xvi et 56 p. Paris, Ch. Delagrave, 1875.

**Valade-Gabel** (**A**.). De l'importance de la composition
pour l'instruction des sourds-muets. Discours. In-8,
20 p. Paris. Bouequin, 1873.

**Valade-Gabel** (**A**.). La parole enseignée au sourd-muet,
etc. (V. *J. J. Valade-Gabel.*)

**Valade-Gabel** (**A**.). Plan d'études, etc. V. *J.-J. Valade-
Gabel.*

**Valade-Gabel** (**A**.). V. Ad. Bélanger. Etude Bibliographique, etc.

**Valade** (**Rémi**). Essai sur les mesures législatives à
provoquer pour étendre à tous les sourds-muets de
la France le bienfait de l'éducation. In-8, 67 p. Bordeaux, H. Faye, 1845.

**Valade** (**Rémi**). Études sur la lexicologie et la grammaire du langage naturel des signes suivi de : De l'influence de l'audition sur les destinées humaines.
Discours. In-8, xv et 219 p. Paris. Ladrange, D.
Guillemot, 1854.

**Valade** (**Rémi**). Essai sur la grammaire du langage
naturel des signes à l'usage des instituteurs de sourds-
muets avec planches et figures. In-8, xvi et 128 p.
Paris, Rorel, D. Guillemot, 1854.

**Valade** (**Rémi**). De quelques préjugés relatifs aux sourds
de naissance. Discours, in-8, 23 p. Paris, Bouequin,
1856.

**Valade** (**Rémi**). De l'origine du langage et de l'influence
que les signes naturels ont exercée sur sa formation.
Discours. In-8, 19 p. Paris, Bouequin, 1856.

**Valat** (**P**.). Notice biographique sur J.-J. Valade-Gabel.
in-8, 19 p. Paris, E. Plon et Cie, 1882.

**Valette (J.).** Origine de l'enseignement des sourds-muets
en France. In-12, 35 p. Toulouse, J. Pradel et Blanc.
1861.

**Van Schelle (Léon).** Résumé analytique des travaux du
troisième Congrès international pour l'amélioration
du sort des sourds-muets tenu à Bruxelles du 13 au 18
août 1883. Précédé d'un aperçu sur l'origine des congrès internationaux pour l'amélioration du sort des
sourds-muets et des résolutions prises par les congrès
de Paris et de Milan. In-8, 42 p. Bruxelles, Hayez.
1883.

*Varsovie (Institution de).* Institut des sourds-muets et
des aveugles de Varsovie. In-8, 50 p. Varsovie,
Institut des sourds-muets. 1878.

**Vingtrinier (Aimé.** Les élèves sourds-muets de M.
Hugentobler et la société d'éducation de Lyon. In-8.
10 p. Lyon, 1878.

**Vivé (P.).** Les instituteurs de l'école nationale des
sourds-muets de Bordeaux, etc *(V. Saint-Sernin).*

**Vivé (P.).** Cause célèbre, sourd-     t de naissance con-
vaincu d'avoir contrefait des      gnats au crayon et
à la plume. Défendu par P. Vivé, second instituteur
des sourds-muets, devant le tribunal criminel du
département de la Gironde. séant à Bordeaux (28
prairial, an III). In-8, 24 p. Paris, Morin, 1796.

**Vivé (P..)** Dissertation sur les délits des sourds et muets.
Bordeaux, 1803.

**Volquin (H.)** Surdi-mutité. Exposé de quelques faits
relatifs à la question pendante devant l'Académie
Impériale de Médecine. In-8, 31 p. Paris, J.-B. Chalvet, 1853.

**Volquin (H.)** Essai sur les moyens de donner gratuite-
ment aux sourds-muets, l'éducation intellectuelle et
agricole. In-8, 17 p. Paris, J.-B. Chalvet, 185 .

**Volquin (H.)** L'Impartial. *(V. Impartial.)*

Voyage de S. M. I. Joseph II. dans différents pays, p. 48.
Visite de l'empereur à M. l'abbé de l'Épée. In-8, 111
p. 1781.

**Watteville (Ad.).** Rapport à son Exc. le Ministre de
l'Intérieur sur les sourds-muets, les aveugles et les
établissements consacrés à leur éducation. In-4, 13 p.
Paris, Imprimerie Impériale. 1861.

**Wilborgne (Ch.).** Dactylographie, ou sténographie des
doigts. Extr. des Annales de l'éducation des sourds-
muets et des aveugles par E. Morel. In-8, 8 p. Paris,
1847.

*Zurich (Institut de).* L'Institut des aveugles et des
sourds-muets depuis sa fondation jusqu'à la fin de
l'année 1834. Rapport présenté par M. Henri d'Orelli,
traduit de l'allemand, par H. Mousson. In-8, 91 p.
Zurich, 1835.

Paris. Typ. Eug. Bélanger 225. Rue St-Jacques